KATHRIN GOTTSCHICK

WANTED
DU BIST
GEFRAGT

KATHRIN GOTTSCHICK

WANTED
DU BIST
GEFRAGT

GESCHICHTEN VON TEENS AUS DER BIBEL

Dieses Buch wurde auf FSC©-zertifiziertem Papier gedruckt.
FSC (Forest Stewardship Council ©) ist eine nichtstaatliche,
gemeinnützige Organisation, die sich für eine ökologische und
sozialverantwortliche Nutzung der Wälder unserer Erde einsetzt.

Alle verwendeten Bibelstellen sowie die Schreibweisen von biblischen Orten und Namen sind entnommen aus:
Gute Nachricht Bibel, revidierte Fassung, durchgesehene Ausgabe in neuer Rechtschreibung,
© 2000 Deutsche Bibelgesellschaft, Stuttgart.

Bibliografische Information der Deutschen Nationalbibliothek

Die Deutsche Nationalbibliothek verzeichnet diese Publikation in der
Deutschen Nationalbibliografie; detaillierte bibliografische Daten sind im
Internet über http://dnb.d-nb.de abrufbar.

© 2016 Neukirchener Verlagsgesellschaft mbH, Neukirchen-Vluyn
Alle Rechte vorbehalten
Gesamtgestaltung: Tabea Siegel, Fürth
Verwendete Fotos: Death to the Stock Photo, www.deathtothestockphoto.com
Lektorat: Ulrike Rauhut, Neukirchen-Vluyn
Verwendete Schrift: Daft Brush, Frutiger LT Std
Gesamtherstellung: FINIDR, S.r.o.
Printed in Czech Republic
ISBN 978-3-7615-6273-4

www.neukirchener-verlage.de

INHALTS-VERZEICHNIS

WANTED -
DU BIST
GEFRAGT!

„Wanted" – ein Actionfilm aus dem Jahr 2008. Mit ziemlich viel Geballer, Intrigen und natürlich einem guten Ende. Klar, dass der Gute am Ende siegt. Sonst wär es ja kein guter Actionfilm. Im Grunde geht es um einen recht unscheinbaren Mann, der auserwählt wurde, um als Auftragskiller in der sogenannten Weber-Bruderschaft zu arbeiten. Nach bestandener Ausbildung bekommt er dann verschiedene Aufträge. Am Ende sind die meisten im Film tot. Und unser Held wurde im Grunde nur aus Eigennutz von seinem kaltblütigen und machthungrigen Chef für den Job auserwählt. Aus Rache und um zum Happy End zu kommen, erschießt dieser zum Schluss mit der ganzen Kunst seines Gewerbes seinen hinterhältigen Chef.

Wanted – natürlich hat solch ein Film nichts mit dem echten Leben zu tun. Aber der Gedanke klingt gut, gebraucht zu werden. Nicht von so einem gemeinen Chef missbraucht zu werden, sondern für jemanden bedeutend zu sein. Zu etwas Besonderem auserwählt zu werden. Wichtig zu sein. Bestimmt kennst du auch das tolle Gefühl, beim Sportunterricht als einer der Ersten in die Mannschaft gewählt zu werden. Oder eben das demotivierende, als Letzter aufgerufen zu werden. Danach hat sich zumindest bei mir in den Sportstunden stark entschieden, mit welcher Laune ich mitgespielt habe. Meistens zählte Sport nicht zu meinen Lieblingsfächern …

Wanted – dieses „Gebrauchtwerden" ist aber nicht nur ein tolles Gefühl. Wir Menschen ticken vielmehr so, dass es uns einfach besser geht, wenn wir geliebt werden und uns gebraucht wissen. Ganz schön krass: Mit viel Egoismus kommt man vielleicht leichter an den einen oder anderen Job. Aber glücklich wird man dadurch nicht. Längst wissenschaftlich belegt. Die Frage ist also, woher bekomme ich die extra Portion Glückshormone? Gerade, wenn's mal mit der Familie und Freunden nicht so läuft. Die Antwort der Bibel ist glasklar: von Gott. Einem Gott, der dich gewollt hat (du bist kein Zufallsprodukt!), der dich liebt (du bist auch kein Unfall!) und der dich braucht! Und zwar jetzt und nicht erst, wenn du die Ausbildung geschafft hast, dich im Leben gut eingerichtet hast oder ein gewisses Bankkonto vorweisen kannst.

In der Bibel gibt es einige Beispiele, in denen Gott Geschichte mit jungen Leuten schreibt. Mit Jugendlichen wie dir. Diese Geschichten haben alle etwas gemeinsam. Sie zeigen: Gott braucht Jugendliche! Für ganz unterschiedliche Aufgaben, in ganz unterschiedlichen Zeiten und in den unterschiedlichsten Lebenssituationen. Einige dieser Jugendlichen will ich dir in diesem Buch vorstellen. Und eines ist klar: Langweilig wurde es diesen Jugendlichen definitiv nicht!

#WANTED:

JOSEF

NAME:
Josef

NAMENSBEDEUTUNG:
Gott möge (noch einen Sohn)
hinzufügen

ALTER:
17 Jahre (1. Mose 37,2)

FAMILIENVERHÄLTNISSE:
Vater Jakob, Mutter Rahel,
ein jüngerer Bruder namens
Benjamin, zehn ältere Halb-
brüder, mindestens eine
Halbschwester

ZEIT:
ca. 18. Jahrhundert
vor Christus

BIBELSTELLE:
ab 1. Mose 37

Ein verwöhnter Lieblingssohn ...

Er war gerade mal 17 Jahre alt. Ein Nachzügler. Seine Halbbrüder waren deutlich älter als er. Sie waren bereits erwachsen und arbeiteten als Schaf- und Ziegenhirten. Ihr Vater war ziemlich wohlhabend, was sich vor allem in den großen Herden zeigte. Eben jenen, die seine Halbbrüder hüteten. Da man für solche großen Herden jede Hand gut gebrauchen konnte und der Bursche ja schließlich auch mal langsam was Sinnvolles tun musste, wurde er zum Helfer seiner Brüder bestimmt. Laufbursche. Azubi. Recht weit unten in der Hierarchie.

Doch er hatte Köpfchen und wusste ganz gut, wie er sich hocharbeiten konnte. Wenn seine Brüder mal wieder was verbockt hatten, es irgendeinen Tratsch über sie gab oder sonst was zu beanstanden, hatte er nichts Besseres zu tun, als auf direktem Weg zum Vater zu rennen. Ihm alles brühwarm zu erzählen und dann so zu tun, als ob nichts wär. Petzen würde man das heute wohl nennen. Nicht gerade die feine Art. Doch bei seinem Vater hatte er einen Stein im Brett. Zufällig war seine Mutter dessen Lieblingsfrau. Und zufällig musste sein Vater auch noch ziemlich lange auf ein Kind von ihr warten. Und so konnte er (fast) machen, was er wollte – und blieb trotzdem der Liebling seines Vaters. Einmal bekam er von Papa sogar ein nagelneues, super-teures Gewand geschenkt. Einfach so. Nur er. Der Geschwisterzoff war damit vorprogrammiert.

Freundliche Worte waren gestern. Wahrscheinlich fänden wir das heute alle ebenso ungerecht, wenn unser um Jahre jüngerer Bruder Papas Liebling wäre. Wenn ihm alles einfach so „in den Hintern geschoben" würde, was wir in unseren kühnsten Träumen nicht wagen würden zu erbitten. Und wenn dieser kleine Schleimer – genannt Bruder – uns dann auch noch dauernd bei Papa verpetzte.

Doch das Beste kam erst noch. Unser verwöhnter Sohn hatte einen Traum. Einen von der Sorte, die man auch am nächsten Morgen noch ganz gut weiß und so geträumt hat, als wenn es Realität wäre. Und da er ja schon etwas blind war, was zwischenmenschliche Sensibilität anging, erzählte er am nächsten Morgen in allen Einzelheiten der versammelten Familie seinen Traum. Die Kurzform: Er war mit seinen Brüdern bei der Feldarbeit, als sich plötzlich seine Garbe (ein Bündel Getreide) aufstellte und die Garben der Brüder sich vor dieser verneigten. Ein paar Tage später folgte Traum Nr. 2. Jetzt verneigten sich auch noch die Sonne, der Mond und elf Sterne vor ihm. Selbst einem Trottel war klar, dass damit nur sein Vater, seine Mutter und seine elf Brüder gemeint sein konnten. Wie Öl aufs Feuer waren diese Träume für die Geschwisterliebe. Der Tropfen, der das Fass zum Überlaufen brachte.

Als sein Vater ihn eines Tages zu seinen Brüdern schickte, um zu hören, ob bei den Herden alles in Ordnung sei, war`s mit ihrer Geduld mit ihm zu Ende. Eifersucht wurde zu Hass. Und Hass zerstört. Sie machten kurzen Prozess mit ihm. Zuerst kam er in eine leere Zisterne, also einen Wasserbrunnen. Ein Todesurteil. Dann wollte man doch noch ein bisschen Profit mit ihm machen und seine Brüder verkauften ihn an eine vorbeiziehende Karawane. War sowieso besser fürs Gewissen. Der Vater bekam die Kleidung des Lieblingssohnes mit Ziegenblut beschmiert zurückgeschickt. Dachte, sein Ein und Alles sei tot. Fiel in schwere Depressionen und wollte am liebsten auch sterben. Für den Lieblingssohn begann ein anderes Leben. Verwöhnt war gestern. Teeniezeit war vorbei. Die Realität war härter, als er sich das jemals hätte vorstellen können.

... TRIFFT AUF DIE REALITÄT DES LEBENS.

Josef – unser Lieblingssohn – war ganz unten angekommen. Als Sklave an einen reichen Ägypter verkauft, fristete er sein Dasein. Doch dann der alles entscheidende Satz in der Bibel: „Gott aber half ihm, sodass ihm alles glückte, was er tat" (1. Mose 39,2b).

Zugegeben, dieses „alles" ist recht weit gefasst. Konkret wurde es: eine steile Karriere bei dem besagten Ägypter, bis hin zum obersten Hausverwalter. Noch steilerer Abstieg ins Gefängnis, weil er einer Intrige zum Opfer fiel. Aufstehen und wieder von vorne anfangen. Bis zum Vertrauten des Gefängnisverwalters inklusive Aufsicht über alle anderen Mitgefangenen und Leitung sämtlicher Gefängnisarbeiten. Traumdeuter zweier königlicher Beamter – wobei die Deutung auch

tatsächlich so eintraf. Und schließlich direkt vom Gefängnis aus vor den Pharao treten dürfen, um dessen Träume zu deuten. Gott zeigte Josef, was die Träume bedeuteten. Josef gab es genauso dem Pharao weiter. Mit dem Hinweis, dass die Antwort direkt von ganz oben komme und der Pharao gut beraten wäre, die Träume ernst zu nehmen und alles in die Wege zu leiten, um das drohende Unheil – eine gewaltige Hungersnot – abzuwenden. Der Pharao fand es gut, was Josef so sagte. Er machte ihn auf der Stelle zu seinem Stellvertreter. Mit Siegelring, Goldkette und Nobelkutsche. Und Josef machte seinen Job gut. Er plante und organisierte, überwachte und kontrollierte. Am Ende konnte er damit die Hungersnot vom ägyptischen Volk abwenden. Die Vorratskammern konnten sogar noch für die Nachbarn geöffnet werden

Der verwöhnte Teenie hatte viel gelernt:
• Die Welt dreht sich nicht um ihn. Sondern die Welt dreht sich um Gott.
• Nicht er kann durch Petzerei Schicksale beeinflussen. Sondern Gott ruft Menschen aus Schicksalen heraus.
• Träume sind nicht zum Angeben da. Sondern Gott kann Träume gebrauchen, um Menschen wichtige Dinge mitzuteilen.
Und Gott hat ausgerechnet einen einst sehr verwöhnten Teenie dazu gebraucht, um ein ganzes Volk vor einer Katastrophe zu bewahren.

DIE JOSEFS VON HEUTE

ICH HABE IMMER GEDACHT:
GOTT BRAUCHT NUR DIE DEMÜTIGEN.
DIE MAUERBLÜMCHEN IN DER SCHULE.
DIE BESCHEIDENEN.
NICHT DIE VERWÖHNTEN VORSTADTKIDS.
UND SCHON GAR NICHT DIE ANGEBER.
ODER DIE PETZER.

DIE GESCHICHTE MIT JOSEF ZEIGT:
GOTT SIEHT AUCH IN DENEN POTENZIAL.
GOTT BRINGT IHNEN SCHON DIE NÖTIGE
SOZIALKOMPETENZ BEI.

GOTT WEISS SCHON HEUTE,
WAS MORGEN DABEI RAUSKOMMT.

KLEINE FAMILIEN-KUNDE

EINZELKIND, ÄLTESTES
ODER NESTHÄKCHEN –
WAS BIST DU?
LUST AUF EINE
KLEINE FAMILIENKUNDE?

DAS ÄLTESTE KIND

Du bist leistungsorientierter und disziplinierter als deine Geschwister. Du bist zuverlässig und gewissenhaft – deine Eltern können sich in der Regel 100 % auf dich verlassen und du versuchst die Erwartungen deiner Eltern zu erfüllen. Du bist verantwortungsbewusst und kannst auch mal sagen, wo es langgeht. Wahrscheinlich bist du recht willensstark, manche würden vielleicht auch sagen bestimmend. Manchmal bist du genervt, weil du an jedem Geschwisterstreit der Schuldige sein sollst. Sätze wie: „Du bist doch der Vernünftige…" hängen dir auch schon mal aus dem Hals raus, vor allem, wenn du mal wieder das Chaos deiner Geschwister beseitigen darfst. Vorbild sein zu müssen, kann auf Dauer auch anstrengend sein. Es kann gut sein, dass du mal einen Beruf ausüben wirst, in dem du Verantwortung hast.

DAS MITTLERE KIND

Man nennt dich auch „Sandwichkind". Du stehst zwischen deinen Geschwistern und manchmal weißt du nicht, ob du jetzt zu den „Großen" oder den „Kleinen" gehörst. Manchmal fühlst du dich dann in deiner Familie auch unverstanden und überflüssig. Du kannst ganz gut vermitteln, kannst Konflikte nicht leiden und riskierst ungern heftige Auseinandersetzungen. Lieber findest du Kompromisse und verhandelst. Wahrscheinlich kannst du gut zuhören.

Beziehungen sind dir sehr wichtig und viele würden dich einen guten Freund nennen. Beruflich wirst du dich eher für einen kreativen (wie Musik, Schauspiel, Sprache) als für einen theoretischen Beruf entscheiden. Aber auch jeder Beruf, der mit einer Vermittlerfunktion zu tun hat, wie zum Beispiel Mediator, Berater, Therapeut, könnte dir liegen.

DAS JÜNGSTE KIND

Du hast eine sehr optimistische Zukunftserwartung und siehst die Gegenwart eher humorvoll. Vieles nimmst du auf die leichte Schulter. Man kennt dich als fröhlich und ausgelassen, und du hast wahrscheinlich sehr viele Freunde. Manchmal flüchtest du aber auch in Tagträume und versuchst so, aus dem Alltag auszusteigen. Andere würden dich als leidenschaftlich und temperamentvoll beschreiben. Wenn du Ungerechtigkeit erlebst, kannst du auch schon mal die Kontrolle über deine Gefühle verlieren. Insgesamt bist du ein guter Beobachter. In dir könnte durchaus ein Journalist oder Schriftsteller stecken. Wenn du einen größeren Altersabstand zu deinen Geschwistern hast, bist du auch als Nesthäkchen bekannt. Du wirst schon ein bisschen mehr verwöhnt als deine Geschwister, was du auch gerne nutzt und andere für dich arbeiten lässt. Du kannst aber auch ganz gut übertreiben und kennst sämtliche Tricks, wie zum Beispiel Tratschen und Familiengeheimnisse verbreiten, um so zu Aufmerksamkeit zu kommen.

DAS EINZELKIND

Du brauchst nicht unbedingt viele Freunde, um glücklich zu sein. Die Freundschaften, die du hast, siehst du als sehr wertvoll an und bist deinen Freunden treu. Manchmal neigst du dazu, deine Mitmenschen zu idealisieren und bist dann enttäuscht, wenn die anderen nicht so ideal sind. Im Vergleich zu anderen Kindern bist du wahrscheinlich früher selbstständig. Du kannst dich sehr gut verbal ausdrücken und bist ein kleiner Kommunikationsprofi. Auch sonst gehörst du wohl eher zu den Intelligenten. Du hast vermutlich ein starkes Selbstwertgefühl, andere könnten dich aber auch manchmal als egoistisch und eigenbrötlerisch bezeichnen.

Josef war als Nesthäkchen Dads Liebling und Mums Sonnenschein. In seiner Patchworkfamilie war der Geschwisterstreit vorprogrammiert. Mit Folgen, die Josefs ganzes Leben beeinflussten. Auch du wirst durch deine Familie geprägt. Ob du besonders ehrgeizig oder eifersüchtig, geduldig oder aufmüpfig bist, hängt auch damit zusammen, welche Position du in deiner Familie hast. Also, ob du ein Einzelkind bist oder Geschwister hast, in welcher Geschwisterposition du stehst oder wie groß der Altersunterschied zwischen euch Geschwistern ist. Die gute Nachricht lautet, dass Gott genau diese Stärken gebrauchen kann, die du auch aufgrund deiner Familiensituation besonders entwickelst. Also überleg doch mal, welche das sind und wie du diese positiv einsetzen kannst.

#WANTED:

MiRJAM

NAME:
Mirjam

NAMENSBEDEUTUNG:
nicht ganz gesichert

ALTER:
junges Mädchen

FAMILIENVERHÄLTNISSE:
Vater Amram und Mutter
Jochebed aus dem jüdischen
Stamm Levi, zwei jüngere
Brüder namens Aaron
und Mose

ZEIT:
ca. 15. Jahrhundert
vor Christus

BIBELSTELLE:
ab 2. Mose 2

BABYSITTERIN IN HARTEN ZEITEN

Babysitten? Ja klar!
Etwas dazuverdienen? Immer doch!
Dabei sein Leben riskieren? Nein, danke!

Zum Glück hat Mirjam nicht so gedacht. Sonst wäre es mit ihrem Bruder aus gewesen. Gerade mal drei Monate war ihr Bruder alt. Eigentlich viel zu alt für die damalige Welt. Klingt komisch? Ist aber so.
Der Pharao hatte – sagen wir mal – etwas Schiss vor den Israeliten, die da so mitten unter den Ägyptern wohnten. Alles Nachkommen eines gewissen Jakob, dem Vater von Josef. Nur, dass Jakob und auch sein Sohn Josef schon lange tot waren. Und der jetzige Pharao sich nicht mehr an Josef erinnern konnte oder wollte. So langsam bekam er eben Muffensausen über die gigantische Vermehrung dieser Israeliten. Was, wenn die plötzlich auf die Idee kämen, Krieg gegen den Pharao zu führen? Oder sich mit dem Feind verbündeten! Nicht auszudenken. Der Feind saß quasi in den eigenen Reihen. Er musste handeln.

PLAN A:

Die Israeliten sollten arbeiten. Sklavenarbeit. Streng kontrolliert. So würden sie schon nicht auf dumme Gedanken kommen.
Problem:
Je mehr er die Israeliten unterdrückte, desto zahlreicher wurden die und breiteten sich immer mehr aus.
Folge:
Plan gescheitert.

PLAN B:

Die israelitischen Hebammen sollten die männlichen Babys sofort nach der Geburt töten.
Problem:
Die zwei Hebammen befolgten den Befehl des Pharaos nicht und ließen auch die Söhne am Leben. Ihre Notlüge: Die israelitischen Frauen wären halt kräftiger als die ägyptischen. Die Babys seien alle schon auf der Welt, bis sie da wären.
Folge:
Plan gescheitert.

PLAN C:

Alle Ägypter bekamen den Befehl, jeden neugeborenen israelitischen Jungen im Nil zu ertränken.

Und Plan C schien sogar wirklich aufzugehen. Doch von einer Familie wissen wir, bei der auch dieser Plan gescheitert ist. Die Mama konnte ihr Baby drei Monate vor den ägyptischen Nachbarn verstecken. Dann ging es nicht mehr. Deshalb baute sie ein schwimmendes Babybettchen, legte ihr Kind hinein und versteckte es im Schilf des Nils. Die ältere Schwester Mirjam versteckte sich in der Nähe, um auf das Baby aufzupassen. Babysitten der besonderen Art. Ohne Zeitangabe. Ohne Gefahrenzulagen. Einfach, weil es ihr Bruder war. Tatsächlich bekam das Baby bald königlichen Besuch. Die Tochter des Pharao badete just an dieser Stelle. Sie sah das seltsame Ding im Wasser schwimmen, ließ es herausziehen und fand das weinende Baby. Ein Hoch auf ihre Neugier und ihre Empathie. Natürlich merkte sie, dass dies ein israelitischer Junge war. Doch er sah so süß aus, dass sie ihn einfach mitnehmen musste.

Schon fast ein Happy End. Wenn da nicht noch die Mirjam in ihrem Versteck gewesen wäre. Das war ihre Chance. Sie nahm all ihren Mut zusammen und wagte es, sich der Prinzessin zu zeigen. Vielmehr diese auch noch anzusprechen. Ganz nach dem Motto: Ich hab „zufällig" alles mit angesehen. Soll ich eine hebräische Frau rufen, die für dich das Baby stillt?
Ganz schön mutig. Das hätte auch schiefgehen können. Vor allem, wenn man bedenkt, dass der Pharao mit israelitischem Menschenleben nicht gerade zimperlich umging. Doch so kam es, dass das kleine Baby völlig legal die ersten Monate bei seiner eigenen Mutter aufwachsen konnte. Und die Mutter dafür sogar noch bezahlt wurde. Bis das Baby dann am Palast seine Prinzenlaufbahn aufnahm. Aber das ist eine andere Geschichte.

Toll, was so ein bisschen Babysitten alles bewirken kann. Nur, weil die Schwester wusste, dass sie jetzt gebraucht wurde. Und niemand ihr diese Aufgabe abnehmen konnte.

AUS KLEIN WIRD GROSS

VIELE KLEINE LEUTE,
AN VIELEN KLEINEN ORTEN,
DIE VIELE KLEINE DINGE TUN,
KÖNNEN DAS GESICHT
DIESER WELT VERÄNDERN.

(AFRIKANISCHES SPRICHWORT)

BABY-SITTER-KOMPE-TENZEN?

NICHT JEDER HÄTTE DIE
AUFGABE SO GUT GELÖST
WIE MIRJAM.
WÄRST DU AUCH DER
GEBORENE BABYSITTER?
KREUZE AN, OB FOLGENDE
AUSSAGEN AUF DICH
ZUTREFFEN ODER NICHT.

1. Hast du jüngere Geschwister?

2. Wenn ja: Magst du sie?

3. Kleine Kinder – zum Beispiel auf einer Familienfeier – mögen mich und sind ständig um mich herum.

4. Auch wenn ich zum 10. Mal gefragt werde, was ein Stau ist, kann ich trotzdem noch geduldig antworten.

5. Ich erkenne sofort, wenn ein kleines Kind ein Taschentuch benötigt, und gebe es ihm dann.

6. Einem hungrigen Kind gebe ich lieber ein Stück Brot anstatt einen Keks.

7. Bevor ich mich ausgiebig sonne oder im heißen Sommer längere Zeit draußen bin, creme ich mich mit Sonnencreme ein.

8. Meine alleinerziehende Nachbarin hat wenig Geld. Daher passe ich auch mal für eine Tüte Chips und eine Flasche Cola auf ihre Kinder auf.

9. Wenn ich mit kleinen Kindern auf den Spielplatz gehe, habe ich stets ein Pflaster in meiner Tasche.

10. Ohne mein Handy geht nichts. Trotzdem habe ich kein Problem, es auch mal für zwei Stunden nicht zu beachten und einfach klingeln zu lassen.

11. In der Regel tue ich das, was meine Eltern von mir wollen, da ich weiß, dass sie sich schon etwas dabei gedacht haben.

12. Wenn ich völlig gestresst bin, klappt es trotzdem ganz gut, einen kühlen Kopf zu bewahren und die Aufgaben nacheinander abzuarbeiten.

13. Die Verkäuferin im Supermarkt hat mir versehentlich zwei Brezeln zu wenig berechnet. Ich mache sie darauf aufmerksam und bezahle die beiden Brezeln auch noch.

14. Ein Mitschüler sitzt weinend in der Pause in einer Ecke des Pausenhofs. Ich gehe zu ihm hin und versuche zu trösten.

15. Ich versuche die Anweisungen der Mutter meiner Babysitterkinder genau zu befolgen und werde auch das lästige Zähneputzen durchsetzen und die Kids nicht länger aufbleiben lassen.

Wenn du mehr als zehn Fragen mit Ja beantwortet hast, hast du die besten Voraussetzungen für einen Babysitter-Job. Du bist verantwortungsbewusst. Die Kids liegen dir am Herzen und es macht dir Spaß, dich mit ihnen zu beschäftigen. Außerdem bist du geduldig und kannst auch in stressigen Situationen besonnen reagieren und behältst einen kühlen Kopf. Absprachen – zum Beispiel mit der Mutter – hältst du ein. Natürlich freust du dich auch auf das zusätzliche Taschengeld. Trotzdem machst du diese Aufgabe nicht nur wegen des Geldes, sondern auch, weil der Job dir Spaß macht, dir liegt und du den Eltern damit helfen kannst.

Übrigens brauchst du diese Fähigkeiten nicht nur beim Babysitten. Eigenschaften wie Verantwortungsbewusstsein, Belastbarkeit und Einsatzbereitschaft werden in jedem Beruf oder sonstigen Aufgaben von dir erwartet werden. Also warum nicht schon mal bei einem Babysitter-Job anfangen, diese Eigenschaften zu fördern?!

#WANTED:

SAMUEL

NAME:
Samuel

NAMENSBEDEUTUNG:
Gott hört / der von
Gott Erbetene

ALTER:
sehr jung

FAMILIENVERHÄLTNISSE:
Vater Elkana, Mutter Hanna,
mehrere jüngere Brüder und
Schwestern

ZEIT:
ca. 1000 Jahre
vor Christus

BIBELSTELLE:
1. Samuel 3

ONLINE MIT GANZ OBEN

Wir befinden uns etwas über 1000 Jahre vor Christus in Israel. Also vor ziemlich langer Zeit. Damals ging ein frommer Mann jedes Jahr mit seiner Familie nach Schilo. Diesen Ort noch nie gehört? Nicht schlimm. Er hat auch heute keine Bedeutung mehr. Vor 3000 Jahren war es das Jerusalem für die Israeliten. Eben bevor es Jerusalem gab. Hier stand das religiöse Zentrum des Volkes, inklusive Heiligtum mit Bundeslade, einer Kiste, in der die heiligen Schriften aufbewahrt wurden. Und hierhin ging jener fromme Mann namens Elkana einmal pro Jahr, um im Tempel Gott anzubeten und zu opfern.

Mit ihm kamen seine zwei Frauen Hanna und Peninna – das gab es damals öfter, dass ein Mann nicht nur eine Frau hatte – und die Kinder der Peninna. Hanna hatte leider keine Kinder. Und damit fing das Drama auch schon an. Das Allerwichtigste für eine Frau war es damals, ihrem Mann Kinder zu gebären. Ziemlich ungünstig, wenn das nicht klappte. Das war wahrscheinlich auch der Grund, weshalb sich Elkana noch eine zweite Frau gesucht hatte. Auf jeden Fall meinte nun diese, sie sei was Besseres, und ließ es Hanna bei jeder Gelegenheit spüren.

Hanna hatte diese Sticheleien so satt. Als sie mal wieder in Schilo waren, bat sie Gott um ein Kind. Sollte er ihre Bitte erfüllen, würde sie dieses Kind als Dankeschön Gott quasi zurückgeben. Sozusagen ins Kloster schicken.

Und tatsächlich trat das Unerwartete ein. Hanna wurde schwanger. Sie bekam einen Sohn. Und sie konnte sich sogar noch an ihr einstiges Versprechen erinnern. Als der Kleine aus dem Gröbsten raus war und nicht mehr gestillt werden musste, ging sie mit ihm nach Schilo. Obwohl er gerade mal ein Dreikäsehoch war, übergab Hanna ihr einziges und geliebtes Kind Samuel dem dortigen obersten Priester. Samuels Leben war damit vorgeplant. Er sollte im Tempel aufwachsen, um selbst einmal ein Priester zu werden. Eben, wie die Mama das versprochen hatte, ganz für Gott da zu sein. Nur einmal im Jahr konnte die Mama ihn besuchen. Jedes Mal brachte sie ihm dann ein neues Hemd mit, das dann wieder für ein Jahr passen musste. Das kann man nun halten, wie man will. Heute wohl kaum noch nachvollziehbar, das Verhalten dieser Hanna. Oder würdest du dein eigenes Baby, auf das du jahrelang gewartet hast, als Kleinkind ins Kloster geben? Hanna erfüllte damals einfach ihr Versprechen gegenüber Gott. Und Samuel kannte ja bald nichts anderes mehr als den Tempel.

Als Samuel in die Teenagerjahre kam, geschah etwas Merkwürdiges. Eines Nachts rief jemand seinen Namen. Hilfsbereit wie er war, eilte er sofort zum obersten Priester Eli. Der war mittlerweile schon alt und fast blind und brauchte vielleicht Hilfe. Doch Eli hatte ihn nicht gerufen und schickte Samuel wieder ins Bett zurück. Kaum lag Samuel, rief ihn wieder jemand. War Eli vielleicht schon etwas verwirrt, sodass er nicht mehr so genau wusste, was er tat? Also wieder raus aus dem Bett und nachsehen. Doch auch diesmal hatte Eli ihn nicht gerufen und schickte ihn wieder ins Bett zurück. Kurz vor dem Einschlafen hörte Samuel zum dritten Mal seinen Namen. Eindeutig. Nicht im Traum. Also noch mal zu Eli. Eli war diese Nummer mittlerweile auch etwas suspekt. Aber außer ihnen beiden war einfach niemand in der Nähe. Und Samuel wirkte nicht gerade, als ob er schlafwandle. Es sein denn … So musste es sein. Es gab keine andere Möglichkeit. Eli schickte Samuel zum dritten Mal zurück und gab ihm genaue Anweisung, beim nächsten

Mal zu antworten: „Sprich, dein Diener hört". Denn wenn Eli ihn nicht gerufen hatte, konnte es nur noch Gott sein. Auch für die damalige Zeit nicht gerade alltäglich.
Tja, und tatsächlich rief Gott noch einmal. Und da Samuel nun endlich auch zuhörte, ließ er Samuel einen Blick in die Zukunft werfen. Elis Familie sollte es böse treffen. Denn Elis Söhne – auch Priester – beleidigten Gott mit ihrem Tun auf Schritt und Tritt. Eli wusste das zwar, sprach aber nie ein Machtwort zu seinen Söhnen.

Was Gott Samuel da mitten in der Nacht sagte, war also nicht der Stoff, aus dem gute Träume entstehen. Trotzdem hörte Samuel zu. Nicht nur dieses eine Mal, sondern immer und immer wieder. Denn das war nicht das letzte Mal, dass Gott zu ihm sprach – quasi face to face. Gott ließ ihn immer wieder Dinge wissen, die er dann dem Volk Israel weitergeben sollte. Samuel war bereit zuzuhören. Obwohl er weder ausgebildeter Theologe war, noch sonst was Besonderes vorzuweisen hatte. Aber er wusste, dass Gott ihn brauchte, sozusagen als sein Sprachrohr zu den Menschen. Und dass er mit den Dingen, die Gott ihm sagte, andere ermutigen oder zurechtweisen sollte.

WENN GOTT REDET

WENN GOTT REDET,
GIBT ES NUR EINE RICHTIGE ANTWORT:
„SPRICH, DEIN DIENER HÖRT!"

DAMIT IST ALLES GESAGT:
ICH WILL ZUHÖREN UND DANN TUN,
WAS GOTT WILL!

WiE GOTT REDET

LETZTENS HAT MICH EIN MÄDEL GEFRAGT, WARUM GOTT DENN NOCH NIE ZU IHR GEREDET HABE?
FRAGE ZURÜCK: HAT GOTT WIRKLICH NOCH NIE ZU IHR GEREDET, ODER HAT SIE ES EINFACH NICHT GEHÖRT?
JA, WIE REDET GOTT DENN EIGENTLICH?

Gott hat unendlich viele Möglichkeiten, mit uns zu reden. Ein paar will ich dir mal nennen:

1. GOTT REDET MIT EINER AKUSTISCH HÖRBAREN STIMME.

Mit Mose hat er zum Beispiel so geredet. Eben wie ein Mann mit seinem besten Freund redet (lies mal 2. Mose 33,11). Oder eben mit Samuel. Das war aber auch damals schon äußerst selten und nur sehr wenige kamen in dieses Privileg.

2. GOTT REDET DURCH ENGEL.

Das kennst du bestimmt aus der Weihnachtsgeschichte. Auch heute noch berichten immer wieder Menschen, dass sie einen Engel erlebt hätten. Übrigens gibt es aber viel mehr Engelsgeschichten aus Notzeiten als in Friedenszeiten. Vielleicht, weil der Mensch sich dann nicht mehr auf seine eigenen Kräfte verlassen kann und noch viel mehr auf Gottes Kraft angewiesen ist.

3. GOTT REDET DURCH ANDERE MENSCHEN ZU UNS.

Im Alten Testament hat er die Propheten gebraucht, damit sie anderen Menschen den Willen Gottes weitersagten. Heute redet er so vielleicht durch die Predigt deines Pastors zu dir.

4. GOTT REDET DURCH TRÄUME ODER VISIONEN.

In der Bibel hatte zum Beispiel Josef in der Weihnachtsgeschichte einen Traum, in dem Gott ihn vor dem bösen König Herodes gewarnt hat (Matthäus 2,13). Besonders in muslimisch geprägten Gegenden der Welt gibt es heute immer wieder Menschen, die berichten, dass Jesus Christus ihnen im Traum erschienen wäre. Diese Erscheinung ist für diese Menschen so phänomenal, dass sie Christen werden. Das klingt unglaublich, aber an der radikalen Lebensänderung zum christlichen Glauben hin kann man sehen, dass da was dran sein muss.

5. GOTT REDET DURCH DIE SCHÖPFUNG.

Mose hörte zum Beispiel Gottes Stimme in einem brennenden Dornbusch (2. Mose 3). Zu Hiob redete Gott im Sturm (Hiob 38,1). Dieser Sturm rief Hiob die Macht und Stärke Gottes ins Gedächtnis, was gerade sehr nötig war bei Hiob. Und zu Elia redete Gott mit dem leisen Säuseln des Windes (1. König 19,12). Wenn du mitten in der Stadt lebst, dann geh mal raus und gib Gott Zeit, zu dir durch seine Schöpfung zu reden. Jede zarte Blume kann dir zuflüstern, wie lieb Gott dich hat. Jeder gewaltige Baum, wie stark Gott ist. Oder jede Wolke, wie unendlich groß Gottes Vergebung für dich ist.

6. GOTT REDET DURCH SEIN WORT, DIE BIBEL.

Es gibt sicher Geschichten, die du seit deiner Kindheit kennst, oder Verse, die du schon auswendig weißt. Aber manchmal begegnen uns die „alten" Geschichten auch ganz neu. Dann kann es durchaus auch mal passieren, dass Gott dich direkt durch einen Bibelvers anspricht. Ein Bibelvers, den du vielleicht schon zig Mal gelesen hast. Aber diesmal trifft er dich voll ins Herz. Wie für dich geschrieben. Genau in deine Situation hinein. Oder du liest eine Geschichte, und auf einmal begreifst du sie ganz neu und kannst sie auf deine persönliche Lebenssituation beziehen.

7. GOTT REDET IN DER STILLE.

Doch das Wichtigste noch zum Schluss: Gott redet in der Stille. So wie ich unmöglich ein intensives Gespräch mit einer guten Freundin haben kann, wenn ich gleichzeitig noch fünf andere Dinge mache, kann ich auch kaum Gott hören, wenn ich eigentlich gar keine Zeit dafür habe. In der Hektik meines Alltags kann ich Gottes Stimme kaum wahrnehmen. Manche Menschen erwarten, dass Gott „funktioniert" wie ein Süßigkeiten-Automat: Geld rein, Antwort raus. Also drei Minuten Gott suchen, und eine offensichtliche Antwort kommt dabei raus. Wenn nicht, dann ist Gott unfair, distanziert

oder sogar lieblos. Funktioniert aber so nicht. Von Samuel können wir da was lernen. Erstens: Gottes Stimme zu hören braucht Übung! Samuel musste mehrmals Gottes Stimme hören, bevor er überhaupt kapierte, dass es Gott war, der mit ihm redete. Zweitens: Samuels Reaktion „HERR rede, ich bin bereit, zuzuhören". Viele Menschen wollen überhaupt nicht auf Gott hören. Oder wir fangen sofort an zu reden, anstatt mal auf Gott zu hören.

KLEINE ÜBUNG AM ENDE:

Wann hast du das letzte Mal zwei Stunden in völliger Ruhe verbracht – ohne Handy, ohne Hintergrundmusik, ohne Unterhaltung, komplett ohne Ablenkung? Du hast einfach nur darauf gewartet, dass Gott zu dir spricht? Probier's mal aus!

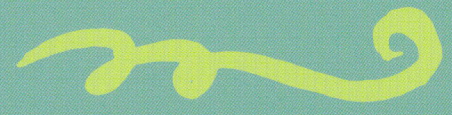

#WANTED:

DAVID

NAME:
David

NAMENSBEDEUTUNG:
der Geliebte

ALTER:
Teenager

FAMILIENVERHÄLTNISSE:
Vater Isai von Bethlehem,
Mutter unbekannt, sieben
ältere Brüder

ZEIT:
ca. 1000 vor Christus

BIBELSTELLE:
1. Samuel 16

ALS MUSIKER IN DER HÖHLE DES LÖWEN

Samuel war inzwischen ziemlich alt geworden. Quasi schon im Ruhestand bekam er noch einmal einen Auftrag von ganz oben: Er sollte in Bethlehem einen neuen König für Israel suchen. Wow – als krönenden Abschluss seines Lebens noch einmal eine Königszeremonie. Ganz so begeistert war Samuel allerdings nicht.

• • • • • • • • • • • • • • • • • •

Das Problem lag im „noch einmal". Denn es gab eigentlich einen König in Israel: Saul. Nur, dass dieser seit einiger Zeit nicht mehr unter Gottes Segen stand. Saul war eigene Wege gegangen. Gott hatte es irgendwann gereicht. Und jetzt suchte Gott eben einen neuen König für Israel. Richtig Wackelpudding in den Beinen hatte Samuel sogar bei diesem Auftrag. Schließlich kam das dem Hochverrat gleich. Darauf stand Todesstrafe. Prophet hin oder her. Gut, dass Gott auch dafür schon eine Lösung hatte. Samuel sollte einfach eine Kuh mitnehmen und sagen, er sei zum Opfern nach Bethlehem gekommen. Samuel ließ sich überreden. Mit diesem Vorwand sollte es ja wohl klappen. In Bethlehem angekommen, lud er auch Isai und seine Söhne zum Opferfest ein. Die ließen sich diese Ehre natürlich nicht entgehen und kamen.
Und da beginnt die große Casting-Show. Welcher der Söhne schafft es zum König? Die Jury hat Gott höchstpersönlich inne, vertreten durch Samuel als sein Sprachrohr. Die Bewerber sind die acht Söhne des Isai.

Los geht's:
• Nr. 1, der älteste Sohn: groß und stattlich. Ideal als König (dachte zumindest Samuel).
… Doch Fehlanzeige. Gott hat wohl andere Maßstäbe als Samuel.
• Nr. 2: ebenfalls nicht schlecht.
 … Doch auch hier ist Gott anderer Meinung.
• Nr. 3 lässt sich blicken: joa, das ginge auch noch.
… Tja. Falsch gedacht.
• Nr. 4 bis Nr. 7 werden vorgestellt: Einer davon musste es ja jetzt mal sein.
… Pech gehabt. Leider ist der Richtige nicht dabei.
• Nr. 8 wird nun notgedrungen noch vom Schafehüten geholt: ziemlich jung und unerfahren, dazu braun gebrannt und recht hübsch. Ganz nett anzusehen, aber wohl eher ungeeignet als König.
… Komischerweise gab Gott gerade bei diesem Samuel den Befehl, ihn zum König zu salben.

Tatarata! Die Show ist beendet. Sieger ist … David! Ein Teenager, der noch die Schafe seines Vaters hütete.

Nicht schlecht. Vom Schafhirten zum Thronfolger. Könnte man meinen. War aber mit Sicherheit nicht so einfach. Schließlich musste das Ganze mehr oder weniger geheim bleiben. Der amtierende König wäre wohl kaum begeistert gewesen zu wissen, dass es hier schon einen Nachfolger gab, der nur darauf wartete, seinen Platz einzunehmen. Und der noch nicht einmal einer von seinen Söhnen war. Eine Lösung läge da ziemlich nahe: heimlich ermorden. Also lieber Stillschweigen wahren.

Aber was soll man nun als junger Mann mit so einem Erlebnis anfangen? Ein Erlebnis, von dem er nicht wusste, ob es tatsächlich einmal eintreten wird und mit dem er zudem ziemlich sensibel umgehen musste.

———— • ————

David tat wohl das einzig Vernünftige: Er lebte einfach sein bisheriges Leben weiter. Mit dem einen Unterschied, dass er immer mehr lernte, Gott zu vertrauen und sein Leben nach Gottes Maßstäben auszurichten. Er merkte wohl, dass Gott gerade ihn als Jüngsten der Familie besonders gebrauchen will. Und dass dies aber nur funktioniert, wenn er eng mit Gott zusammenarbeitet und nicht sein eigenes Ding versucht durchzuziehen.

Und tatsächlich dauerte es nicht lange, bis er seinen Glauben unter Beweis stellen konnte.

Saul, also der amtierende König, hatte immer mal wieder richtig schlechte Phasen. Depressionen, Minderwertigkeitsgefühle, Angstzustände. Und zwar von der schlimmsten Sorte. In der Bibel steht, dass ein böser Geist immer wieder auf Saul kam und dieses Gefühlswirrwarr verursachte. Seine Berater waren die Stimmungsschwankungen irgendwann leid und rieten, einen Sänger zu suchen. Bekanntlich wirkt Musik ja Wunder, hebt die Stimmung, baut auf. Und einer hatte sogar gleich den richtigen Mann parat. Der David, eben jener jüngste Sohn von Isai. Der sollte doch ganz gut Harfe spielen können, sagte man. Außerdem hätte er sich mittlerweile einen guten Ruf zuge-

legt. Er verstünde es, zur rechten Zeit das rechte Wort zu sagen. Wäre also sehr feinfühlig. Käme aus gutem Elternhaus – man wollte ja nicht irgendeinen Dorftrottel zum König vorlassen. Und es hat sich wohl auch schon rumgesprochen, dass er recht fromm war. Beste Voraussetzungen. David musste her.

Und David kam. Gut, viele Alternativen hatte er nicht. Schließlich widersprach man einem König nicht. Bemerkenswert war eher seine Einstellung. Wie selbstverständlich spielte er so gut für den König, dass es diesem wirklich jedes Mal danach besser ging. Er benahm sich so tadellos, dass Saul ihn richtig mochte und ihn sogar zu seinem Waffenträger machte. Ein richtiger Vertrauensjob. Er kämpfte für seinen König an vorderster Front. Er war der Einzige, der sich traute, dem Riesen Goliath entgegenzutreten, trotz seiner Jugend. Die erfahrenen Kriegsleute kniffen dagegen. Obwohl David wusste, dass Sauls Tage gezählt waren. Obwohl er schon als sein Nachfolger bestimmt war. Obwohl er mit Sicherheit manche Gelegenheit hatte, sein Schicksal ein bisschen zu beschleunigen, gab er das Beste für seinen König.

David vertraute darauf, dass Gott schon den richtigen Zeitpunkt hatte. Dass seine Aufgabe nicht darin bestand, dem Schicksal ein bisschen auf die Sprünge zu helfen, sondern Gott zu vertrauen und seine Aufgaben im Hier und Jetzt gut zu machen. Und was soll man sagen: Gott stand voll hinter David. So ziemlich alles, was David tat, gelang ihm. Das war so offensichtlich, dass es selbst

Saul eines Tages wie Schuppen von den Augen fiel: Gott braucht David. Er selbst war abgeschrieben. Spätestens als er David mehrmals aus dem Weg räumen wollte, und es ihm nicht gelang, war es ihm völlig klar. Dieser David hatte eine besondere Beziehung zu Gott. Und Gott war es egal, dass er noch recht jung war, kaum Erfahrung in Außenpolitik und Management besaß.

Von dieser Geduld Davids könnte ich mir mal eine Scheibe abschneiden. Gottvertrauen hin oder her. Manchmal will ich schon gerne meinem Glück etwas nachhelfen. Wie kann ich denn überhaupt sicher sein, dass Gott wirklich das Beste für mich will? Schließlich bete ich manchmal tagelang für eine gute Sache – zumindest denke ich, dass es gut ist – und es passiert nichts.
David konnte sich letztlich auch nicht sicher sein, dass er wirklich mal König werden würde. Und schon gar nicht, nachdem Jahre ins Land zogen, ohne dass sich etwas tat. Trotzdem vertraute er auf Gottes Planung. Mit dem Verstand wissen, so wie man mathematische Gesetze erklären und wissen kann, können wir es nicht. Trotzdem ist die ganze Bibel voll mit Zusagen, dass unser Wohl ein Herzensanliegen Gottes ist. Überall finden wir die Botschaft vom aufmerksam sorgenden Gott. Und wir können es in unzähligen Geschichten lesen. Wie eben in jener von David. Gott steht zu seinem Wort. Er will mein Bestes!
Und so geht auch die Geschichte mit David aus. Eines Tages wird er König. Der wohl größte König, den Israel je hatte.

KLEINER ZETTEL – GROßE WIRKUNG

LEIDER IST UNSER GEDÄCHTNIS ETWAS BEGRENZT. UND MIT DER ZEIT KANN ES DURCHAUS VORKOMMEN, DASS WIR AUCH ERLEBNISSE MIT GOTT WIEDER VERGESSEN. ABER NICHT NUR IN DER SCHULE GILT: AUFSCHREIBEN HILFT!

SO WIRD'S WAS:

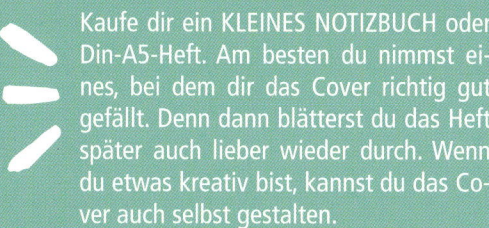

Kaufe dir ein KLEINES NOTIZBUCH oder Din-A5-Heft. Am besten du nimmst eines, bei dem dir das Cover richtig gut gefällt. Denn dann blätterst du das Heft später auch lieber wieder durch. Wenn du etwas kreativ bist, kannst du das Cover auch selbst gestalten.

In dem Buch kannst du mit verschiedenen Farben arbeiten. Du kannst dir natürlich selbst überlegen, welche Farbe du für was verwendest.
• Zum Beispiel notierst du dir in Rot Dinge, für die du betest. Wenn Gott ein Gebet erhört hat, schreibst du dies mit Grün dahinter.

• In Blau schreibst du dir Bibelverse o. Ä. auf, mit denen Gott direkt zu dir gesprochen hat.
• Besondere Erlebnisse mit Gott werden in Lila aufgeschrieben.

Vergiss nicht, bei jedem Eintrag das Datum dazuzuschreiben. Und lass immer etwas Platz nach einem Eintrag. So kannst du später noch etwas dazu schreiben.

Lies dir deine Eintragungen von Zeit zu Zeit durch und erinnere dich daran, was Gott in deinem Leben getan hat.

SKLAVIN OHNE NAMEN

NAME:
unbekannt

NAMENSBEDEUTUNG:
unbekannt

ALTER:
Teenager

FAMILIENVERHÄLTNISSE:
Sklavin im Hause
von Naaman

ZEIT:
ca. 900 vor Christus

BIBELSTELLE:
2. Könige 5

DER ENTSCHEIDENDE TIPP FÜR DEN FEIND

Für viele bittere Realität. Für die meisten von uns wahrscheinlich nur Tagesschau-Nachricht. Krieg, Flucht, Hunger, Elend. Wer es nicht selbst erlebt hat, kann sich wohl kaum in die Lage derer versetzen, die es täglich erleben müssen. Glücklich der, der es geschafft hat und nun irgendwo neu anfangen darf.

Sie hat es nicht geschafft. Sie war eine der Namenlosen. Ihrer Kindheit beraubt. Von Vater und Mutter verlassen. Ins Ungewisse hineingeschmissen. Als Kriegsbeute ihrer Rechte entledigt. Syrische Soldaten hatten sie eines Tages entführt und nach Syrien verschleppt. Ihre israelitische Heimat hatte sie nie wieder gesehen. Welch schreckliche Taten ihr angetan wurden, können wir nur erahnen. Zimperlich sind die Männer bestimmt nicht mit ihr umgegangen. Am Ende ist sie als Haussklavin bei einer Frau aus der High Society gelandet. Ihr Schicksal war besiegelt. Unwahrscheinlich, dass sie jemals wieder als freies Mädchen ihr Leben leben kann. In der Bibel spielt sie nur eine Nebenrolle. Noch nicht einmal ihren Namen kennt die Bibel. Gerade mal zwei Sätze darf sie sprechen. Die Hauptrolle fällt ihrem Feind zu. Aber wenn Gott Geschichte schreibt, werden die Rollen gerne mal vertauscht. Gott schreibt hier Geschichte mit einer namenlosen jungen Sklavin, die wohl kaum älter als ein Teenager war.

Der Mann ihrer Herrin hieß Naaman. Er war kein Geringerer als der Heerführer des syrischen Königs. Eben jenes Heeres, das ihr dieses Leid angetan hatte. Naaman war ein angesehener und mächtiger Mann. Mit dem König quasi per DU, hatte er einiges mitzusprechen im Land. Er kommandierte eine der stärksten Armeen seiner Zeit. Sein Wort war Befehl. Ohne Wenn und Aber. Aber einen Haken hatte seine Karriere. Naaman war unheilbar krank. Aussatz. Eine schwere Hautkrankheit ohne Aussicht auf Heilung. Unter der starken Uniform steckte ein schwacher Körper.

Ein „Geschieht dir recht!" hätte der Sklavin wohl keiner verübelt. Etwas Genugtuung über das Leiden ihres Peinigers wird wohl jeder nachempfinden können. Doch nichts davon kam über ihre Lippen. Statt Todeswünsche dachte sie über seine Heilung nach. Sie wollte ihm helfen. Naamans Situation war ihr nicht egal. Sie hatte Mitleid, obwohl doch eigentlich sie die zu Bemitleidende war.

Die Sklavin ging zu ihrer Herrin und erzählte von einem Propheten aus ihrer Heimat. Sie berichtete von einem Mann Gottes, der auch diese Krankheit heilen kann. Davon war sie überzeugt. Auch wenn das Mädchen alles verloren hatte, hatte sie ihren Glauben an Gott nicht vergessen. Auch wenn sie ohnmächtig ihrem Schicksal ausgeliefert war, glaubte sie an die Macht Gottes. Auch wenn sie schreckliche Dinge erleiden musste, wollte sie das Beste für ihren Feind. Mehr als diesen Tipp zu geben, konnte sie nicht tun. Und doch hatte sie damit mehr getan als irgendjemand anderes.

Naaman nahm den Tipp übrigens ernst. Er klammerte sich an diesen vielleicht letzten Strohhalm. Er nutzte seine guten Beziehungen zum König. Mit ordentlich Geld und einer Empfehlung des Königs wagte er sich in die Höhle des Löwen und reiste zum israelitischen König. Die Sache war gegessen. Oder? Die Sklavin hatte nichts von einem König gesagt, sondern von einem Propheten. Hatte er nicht richtig zugehört?
Nachdem er beinahe noch einen Krieg mit Israel angezettelt hatte, fand er dann doch noch den Propheten. Oder besser gesagt, der Prophet fand ihn. Und nach einigem Hin und Her und ziemlich viel Überwindung, konnte er sich auf dessen Therapie einlassen. Siebenmal sollte er im Fluss

Jordan untertauchen. Leicht gesagt. Aber für einen Mann seines Standes unter aller Würde. Sein Diener musste erhebliche Überzeugungsarbeit leisten, bis Naaman endlich zum Jordan hinunterging. Unten am Jordan ist ihm dann Gott begegnet. Der Gott, auf den ihn seine Sklavin leise aufmerksam gemacht hatte. Und Naaman wurde gesund. Seine Haut war wieder makellos. Er ging zurück zum Propheten und gab ein Bekenntnis ab, wie es besser nicht formuliert sein könnte. Ja, er wisse jetzt, dass der Gott Israels der einzige Gott auf der ganzen Erde sei. Sein ganzes restliches Leben lang wolle er keinen anderen Gott mehr anbeten als allein den Gott Israels.

Ohnmächtig seiner Krankheit ausgeliefert, erlebt er die Macht Gottes. Einer der mächtigsten Männer aus Syrien bekennt sich zum Gott seines Erzfeindes. Der Kriegsheld bekehrt sich zum Gott der Liebe.

Konnte die Sklavin erahnen, welchen Lebenswandel der Mann ihrer Herrin auf seiner Reise durchmachte? Wohl kaum. Sie hatte sich lediglich nicht unterkriegen lassen, als das Leben es nicht gut mit ihr meinte. An Gott hatte sie festgehalten. Das „Liebe deinen Nächsten" stand über allen Rachegedanken.

I BELIEVE

„ICH GLAUBE AN DIE SONNE,
AUCH WENN SIE NICHT SCHEINT.
ICH GLAUBE AN DIE LIEBE,
AUCH WENN ICH SIE NICHT FÜHLE.
ICH GLAUBE AN GOTT,
AUCH WENN ER SCHWEIGT."

(JÜDISCHE INSCHRIFT IM WARSCHAUER GETTO)

VOM DURCHHALTEN IM GLAUBEN

„ICH LASSE ALLES HINTER MIR UND
SEHE NUR NOCH, WAS VOR MIR LIEGT.
ICH HALTE GERADEWEGS AUF DAS ZIEL ZU,
UM DEN SIEGESPREIS ZU GEWINNEN.
DIESER PREIS IST DAS EWIGE LEBEN,
ZU DEM GOTT MICH DURCH
JESUS CHRISTUS BERUFEN HAT."

(PAULUS IN PHILIPPER 3, 13B–14)

#WANTED:

JOSIA

NAME:
Josia

NAMENSBEDEUTUNG:
Jahwe heilt

ALTER:
8 Jahre

FAMILIENVERHÄLTNISSE:
Vater Amon (König
des Südreiches),
Mutter Jedida

ZEIT:
Regierungszeit ab
639 vor Christus

BIBELSTELLE:
2. Könige 22

MIT ACHT JAHREN VERANTWORTLICH FÜR ZIGTAUSEND

Namen mit einer langen Tradition sind ja gerade wieder modern. So hört man im Kindergarten schon mal „Noah, Elias und Josua bitte Hände waschen". Oder eben „Josia, kommst du mal bitte". Ein alter hebräischer Name, der übersetzt so viel heißt wie „der Herr heilt". Den Jungen, der vor vielen, vielen Jahren einmal diesen Namen bekommen hat, kennen heute aber nur noch wenige. Dabei war sein Name Programm …

Vor ungefähr 2660 Jahren war Israel bereits in ein Nordreich und ein Südreich geteilt. Im Südreich mit der Hauptstadt Jerusalem regierte ein gewisser Amon. Allerdings nur zwei Jahre lang. Er hielt es nicht so mit Jahwe, dem einen Gott Israels, und verehrte lieber zig Götzenbilder. Auch die Zehn Gebote Gottes ließ er links liegen und lebte lieber nach seinen eigenen Regeln. Blöd nur, dass dies nicht nur Gott ein Graus war, sondern auch einige seiner Hofbeamten diesem König nicht so viel abgewinnen konnten. Kurzum: Sie verschworen sich gegen den König und töteten ihn in seinem Palast. Das brachte ihnen aber auch nicht so viel. Denn die Verschwörer wurden ihrerseits von einem wütenden Mob aus dem Volk gelyncht. Da man nun einen neuen König brauchte, setzte das Volk Amons Sohn Josia auf den Thron. Klar, wen auch sonst! Schließlich war er ja auch der Thronprinz. Das Ganze hatte nur einen Haken. Josia war gerade mal acht Jahre alt, als er König

wurde. Also ziemlich jung und unerfahren. Könnte man meinen.

Doch Josia machte seinen Job ganz gut. Im Gegensatz zu seinem Vater erinnerte er sich an den großen König David und nahm sich ihn zum Vorbild. Sein eigenes Leben und seine Herrschaft richtete er – wie eben auch David – an Gottes Geboten und Richtlinien aus. Josia war gerade mal 16 Jahre alt, als er mit seinem Glauben so richtig ernst machte. Also in einem Alter, in dem die meisten Jugendlichen heute überhaupt nichts von Kirche und Gott mehr wissen wollen. Ganz nach dem Motto: Die Konfizeit ist vorbei, hier hält uns nichts mehr! Und schließlich ist es ja auch ziemlich uncool, „gläubig" zu sein. Was sollen denn da nur die Freunde denken?!

Das war damals bestimmt nicht so viel anders. Josias eigener Vater hatte es ja so vorgelebt.
- Die glänzenden Götzenbilder waren IN. Der halb eingefallene Tempel Gottes ziemlich OUT.
- Die Priester des Baals waren beliebt. Die Propheten Gottes wollte dagegen niemand hören.
- Seine Macht auszukosten, inklusive Reichtum und Frauen, gehörte zum Königtum dazu. Nach Gottes Geboten zu leben eher weniger.

Trotzdem suchte sich dieser Teeniekönig ausgerechnet den legendären König David als Vorbild und eben nicht seine direkten Vorfahren, die so ganz anders als David lebten. Er muss wohl einen ziemlich starken Charakter gehabt haben.

Mit 20 startete er dann so richtig durch. Er machte kurzen Prozess mit allem, was nicht mit seinem Glauben vereinbar war. Er ließ sämtliche heidnischen Opferstätten beseitigen, die Götzenbilder zerstören und sogar die Knochen der einstigen

Götzenpriester wieder ausbuddeln und auf den Altären, auf denen sie einst geopfert hatten, verbrennen. Auch mit den brutalen Ritualen für den Götzen Moloch brach er. Manche aus dem Volk ließen an ausgesuchten Opferstätten als Opfer für diesen Götzen ihre eigenen Kinder verbrennen. Damit war nun Schluss. Erst als nichts mehr vom einstigen Götzendienst übrig war, lehnte er sich beruhigt zurück.

Doch damit nicht genug. Josia ließ auch den maroden Tempel Gottes restaurieren. Jenen Tempel, den sein Vater und Großvater sträflichst vernachlässigt hatten. Bei dieser Aktion wurde das Gesetzbuch wieder gefunden, das Gott einst Mose gegeben hatte. Als Josia das Buch las, war er entsetzt. Denn er sah, wie wenig das Volk sich daran gerade hielt. Er las aber auch von den Folgen, die es hatte, wenn man sich eben nicht an Gottes Gebote hielt und damit den Vertrag mit Gott quasi brach. Das Volk konnte sich nicht mehr der Fürsorge und Schutz Gottes gewiss sein.

Josia nahm sich das sehr zu Herzen. Er trauerte richtig darüber. Und er beschloss, das Volk nicht weiter in sein Unheil rennen zu lassen. Er versammelte das ganze Volk beim Tempel in Jerusalem – reiche und arme, gebildete und einfache Leute. Dann las er ihnen das ganze Gesetz vor. Oder besser gesagt, ließ es vorlesen. Er war ja immerhin noch König. Nun musste das ganze Volk versprechen, in Zukunft wieder Gott zu gehorchen und alle seine Gebote mit ganzem Herzen, ganzem Willen und ganzer Kraft zu befolgen. Der König hielt die ganze Bevölkerung dazu an, Gott wieder als alleinigen Gott anzubeten und das Le-

ben an ihm auszurichten. Und solange der König lebte – immerhin regierte er 31 Jahre – hielt sich das Volk auch daran.

Josia – Gott heilt.

Josia hat sich ein anderes Vorbild gesucht, als es damals so üblich war. Ein Vorbild, das zwar schon lange tot, aber trotzdem auch damals schon mit seiner intensiven Gottesbeziehung ein Glaubensheld war. Josia wich als Teeniekönig von der Norm ab. Aber es hat sich gelohnt. Gott gebrauchte ihn, um die kaputte Beziehung zwischen Volk und Gott wieder etwas heilen zu lassen. Zumindest solange Josia lebte. Gott gebrauchte Josia, um das Volk wieder an seinen genialen Fürsprecher und Beschützer zu erinnern. Und um dem Volk die Tragweite seines gotteslästerlichen Lebens wieder bewusst zu machen.

DAS GRUNDGEBOT: GOTT ÜBER ALLES ZU LIEBEN

„Ich sage euch jetzt die Gesetze und Rechtsbestimmungen, die der Herr, euer Gott, euch gegeben hat. Ihr sollt sie euch einprägen, damit ihr danach handelt, wenn ihr das Land in Besitz genommen habt, in das ihr jetzt hinüberzieht.

Nehmt den Herrn, euren Gott, ernst und befolgt stets seine Anweisungen, die ich euch heute sage, ihr und eure Kinder und die Kinder eurer Kinder. Tut es euer Leben lang, dann wird der Herr euch auch ein langes Leben schenken.

Höre nun seine Gebote, Volk Israel, und befolge sie, damit es dir gut geht und du ein großes Volk wirst in dem Land, das von Milch und Honig überfließt, so wie der Herr, der Gott eurer Vorfahren, euch das versprochen hat.

HÖRE, ISRAEL!
DER HERR IST UNSER GOTT, DER HERR UND SONST KEINER. DARUM LIEBT IHN VON GANZEM HERZEN, MIT GANZEM WILLEN UND MIT ALLER KRAFT.

„BEHALTET DIE GEBOTE IM GEDÄCHTNIS, DIE ICH EUCH HEUTE VERKÜNDE! PRÄGT SIE EUREN KINDERN EIN UND SAGT SIE EUCH IMMER WIEDER VOR – ZU HAUSE UND AUF REISEN, WENN IHR EUCH SCHLAFEN LEGT UND WENN IHR ERWACHT. BINDET SIE EUCH ZUR STÄNDIGEN ERINNERUNG AN DEN ARM UND AUF DIE STIRN. SCHREIBT SIE AUF DIE TÜRPFOSTEN EURER HÄUSER UND AUF DIE TORE EURER STÄDTE."

(5. MOSE 6,1-9)

VORBILD-
SUCHE

KLEINES INTERVIEW ZUM THEMA VORBILDER:

WAS SIND VORBILDER?

Vorbilder sind Menschen, die wir toll finden. Wir eifern ihnen nach und wollen zumindest in bestimmten Bereichen so werden oder so handeln wie sie. Manchmal idealisieren wir unser Vorbild auch und sind dann enttäuscht, wenn unser Vorbild eben nicht immer der Superheld oder das Covergirl ist.

WO FINDET MAN VORBILDER?

Vorbilder kann man sich überall suchen. Viele Jugendlichen suchen sich zurzeit ihre Vorbilder auf YouTube oder unter den Stars und Sternchen der Hollywood-Welt. Allerdings kann man bei diesen Vorbildern kaum überprüfen, ob sie tatsächlich so sind und leben, wie wir uns das vorstellen. Titelblätter und Soaps vermitteln uns meistens kein realistisches Bild von der Wirklichkeit. Zwar kannst du den Traummaßen und dem Fußballgeschick deiner Helden nacheifern, aber du erfährst nicht, wie sie im wirklichen Leben mit ihrem Können umgehen.

Vorbilder findet man auch in seinem privaten Umfeld. Der Jugendleiter, die große Schwester oder der super Torwart im Fußballverein können zum Vorbild werden. Hier kannst du unmittelbar sehen, ob deine Vorbilder tatsächlich so toll sind, wie du dir dies ausmalst. Allerdings kannst du auch leichter von deinen Vorbildern enttäuscht werden, wenn zum Beispiel die Beziehung deines Jugendleiters scheitert oder deine Schwester sich mehr ihren Freundinnen als dir zuwendet.

WAS MUSS EIN GUTES VORBILD HABEN?

Ein gutes Vorbild hat Eigenschaften, die du auch gerne hättest. Du tust aber gut daran, immer wieder zu prüfen, ob diese Eigenschaften wirklich auch nachahmenswert sind. Sind es Eigenschaften, für die du bereit wärst, deine Zeit und dein Geld zu opfern? Oder findest du sie zwar toll, aber eigentlich ist es nichts, worauf du dein Leben aufbauen möchtest? Lebt dein Vorbild authentisch? Oder ist es mehr Schein als Sein? Und – last but not least – sind die Eigenschaften mit deinem Glauben vereinbar?

KÖNNEN VORBILDER GEFÄHRLICH WERDEN?

Wenn man sich immer nur an Vorbildern orientiert, wird dich das eigene Leben nie zufriedenstellen, da man ein Ideal nicht erreichen kann. Mach dir also klar, dass jeder Mensch Eigenschaften hat, die du magst, aber auch Eigenschaften, die du nicht leiden kannst. Wenn dir bewusst ist, dass du im Grunde einige Eigenschaften der Person als Vorbild nimmst und nicht die ganze Person an sich, bleibst du auf dem Boden der Tatsachen.

WER IST FÜR DICH VORBILD?

Denk mal über folgende Fragen nach:
• Wer ist für dich ein Vorbild?
• Welche Eigenschaften bei dieser Person sind für dich vorbildhaft?
• Welche Eigenschaften, die du bei anderen siehst, möchtest du auch gerne haben und welche nicht?

#WANTED: MARIA

NAME:
Maria

NAMENSBEDEUTUNG:
unbekannt

ALTER:
ca. 14 Jahre

FAMILIENVERHÄLTNISSE:
verlobt mit Josef
(Zimmermann)

ZEIT:
wahrscheinlich ein
paar Jahre vor
unserer Zeitrechnung

BIBELSTELLE:
Matthäus 1; Lukas 1

UNGEWOLLT SCHWANGER

Mit 14 schwanger? Das hört man ja immer mal wieder.

Aber mit 14 verheiratet? Das ist in unserer Kultur doch sehr außergewöhnlich, zumal es in unserem Land verboten ist.

Oder kennst du jemanden, der mit 14 geheiratet hat? Zumindest wohl kaum in Deutschland.

In anderen Kulturkreisen ist das aber gar nicht so abwegig. Sobald ein Mädchen seine Tage hat, kann es auch heiraten. Es gilt nun als Frau. Jungs brauchen übrigens meistens ein bisschen länger, bis sie in solchen Kulturkreisen als „Mann" angesehen werden.

Auf jeden Fall war dies auch vor 2000 Jahren in Israel so. Und daher nichts Besonderes, dass ein Mädchen namens Maria sich mit einem jungen Mann namens Josef verlobte. Oder verloben ließ. Meistens hatten da ja doch die Eltern noch ihre Finger mit im Spiel. Eben in einem Alter, in dem Mädchen hierzulande noch die Schulbank drücken und eventuelle Hochzeiten in weiter Ferne sind. Also ungefähr mit 14.

Maria und Josef feierten also Verlobung. Das war nicht eben mal so dahergesagt, sondern ein richtig großer Akt. Ein Mann und eine Frau verpflichteten sich zu heiraten. Eine Verlobung zu lösen, war also nicht drin. Dazu musste man sich schon richtig scheiden lassen. Eben wie Eheleute. Die beiden schworen sich bei der Verlobung Treue bis ans Lebensende. Sie wurden auch schon als „Mann" und „Frau" bezeichnet. So wird zum Beispiel Josef schon als Mann der Maria benannt, obwohl die beiden erst verlobt waren (das kannst du im Matthäusevangelium 1,19 nachlesen).

Und die Eltern der Verlobten bekamen bereits den Brautpreis bezahlt. Die Braut wurde damit aber nicht gekauft, wie manche heute meinen. Vielmehr war der Brautpreis die finanzielle Absicherung der Braut. Quasi Lebensversicherung, Rentenversicherung und Unterhaltszahlung nach einer Scheidung in einem. Sobald die Hochzeit gefeiert wurde, bekam dann die Braut den Brautpreis ausgezahlt. Das war ihr eigener Besitz, den der Mann nicht anrühren durfte. Sollte der Mann sich dann mal scheiden lassen oder sie sonst schlecht behandeln, stand sie zumindest nicht mittellos dar.

Also eigentlich ganz schön clever, sich schon vorher so abzusichern.

Was allerdings bei den Verlobten noch fehlte, waren die gemeinsame Wohnung und der Sex. Beides gab es erst mit der Hochzeit. Verlobung und Hochzeit waren also ein bisschen so, wie wenn du in einem Laden etwas bestellst. Der Kauf ist rechtsgültig inklusive Bezahlpflicht. Allerdings hast du das Produkt noch nicht. Erst wenn du die Ware dann hast, ist das Geschäft abgeschlossen, auch wenn du es schon vorher juristisch nicht mehr so einfach rückgängig machen kannst.

Auf jeden Fall hatten die Brautleute zwar sämtliche Pflichten einer Ehe, lebten aber noch nicht wie in einer Ehe zusammen. Das heißt auch, sollte einer der beiden mit einem anderen Sex haben, stand darauf die Todesstrafe. Eben wie bei Verheirateten. Sollten die beiden miteinander schlafen, kamen sie damit der Hochzeit zuvor. Höchst skandalös und unmoralisch. Stadtgespräch Nr. 1.

Soweit die Theorie. Jetzt die Praxis.

Maria war mit Josef verlobt … und wurde schwanger. Wohlgemerkt vor der Hochzeit. Was nun, lieber Josef? Der wusste ja ganz genau, dass er nicht mit Maria geschlafen hatte. So vergesslich war er jetzt auch noch nicht. Also musste es ein anderer getan haben. Theoretisch hätte er sie jetzt des Ehebruchs anklagen können. Das hätte aber böse für Maria enden können. Und dummerweise liebte er dieses junge Ding wirklich. Das brachte er also nicht übers Herz. Einfach so tun, als wenn er der Vater wär, ging aber auch nicht. Er war fromm. Und mit dieser Lebenslüge wollte und konnte er nicht leben. Hier war also guter Rat teuer.

Seine Lösung: Sie heimlich verlassen. Irgendwo anders neu anfangen. Niemand könnte ihm dumme Fragen stellen, wer der Vater des Kindes sei. Er müsste nichts erklären und niemanden anklagen. Die Leute sollten denken, was sie wollten. Maria wäre fein raus. Er würde dann zwar als der Feigling angesehen, der sich aus dem Staub machte. Aber das war wohl für alle noch das kleinste Übel. Die ganze Sache hatte nur einen Haken: Es gab keinen anderen!

Das Teenagermädchen hatte eines Tages Besuch von einem Engel bekommen. Der offenbarte ihr, dass sie schwanger werden würde. Das Baby sollte der ersehnte Retter sein. Der Messias, auf den alle warteten. Der Heiland, der Beziehungen heil machen würde. Derjenige, der das Volk wieder mit Gott versöhnen sollte. Der Sohn Gottes selbst.

Maria war zwar noch jung, aber nicht blöd. Auch sie wusste schon, dass die Babys nicht vom Storch kamen und sie noch Jungfrau war. Passt also nicht zusammen. Doch der Engel versicherte ihr, dass Gott das schon richten wird. Gott braucht für seine Pläne nicht menschliche Logik oder Naturgesetze. Dieses eine Mal wird es ein Wunder sein. Ohne Sex, ohne Mann, ohne künstliche Befruchtung. Unbegreiflich – auch damals schon. Unvorstellbar und kaum zu erklären. Eben übernatürlich. Und für diesen Plan brauchte Gott die junge Maria.

Maria war erst einmal ziemlich baff. Aber als sie sich wieder gefangen hatte, antwortete sie dem Engel: „Ich gehöre dem Herrn, ich bin bereit. Es soll an mir geschehen, was du gesagt hast." (Lukas 1,37) Ganz schön mutig. Natürlich musste auch ihr bewusst gewesen sein, was für Konsequenzen das für sie haben könnte. Dass sie heute einer der bekanntesten Frauen der Weltgeschichte ist, konnte sie damals nicht ahnen. Aber sie vertraute fest darauf, dass Gott schon weiß, was er tut. Und dass er ihr nicht ein Kind anvertraut, nur um sie dann aufzugeben. Maria war bereit, sich ganz Gott zur Verfügung zu stellen. Und Gott wählte sie aus für seinen genialen Plan.

Josef übrigens verließ sie dann doch nicht, wie man weiß. Aber um ihn davon abzuhalten, musste Gott schon wieder einen Engel schicken. Erst der konnte ihm verständlich machen, dass es keinen anderen Mann im Leben seiner Verlobten gegeben hatte oder gab. Daraufhin stellte sich Josef hinter Maria. Gemeinsam wollten sie dem Stadtgespräch begegnen.

LIVING IS BELIEVING

LIVING IS BELIEVING
BELIEVING IS HOPE
HOPE IS STRENGTH
STRENGTH IS LOVE
AND LOVE IS OUR HEALER

(INSCHRIFT AUF EINEM ALTEN
SCHOTTISCHEN GRABSTEIN)

ECHTER GLAUBE

WENN IHR ALSO MIT DEM MUND BEKENNT:
»JESUS IST DER HERR«, UND IM HERZEN GLAUBT,
DASS GOTT IHN VOM TOD AUFERWECKT HAT,
WERDET IHR GERETTET.

(RÖMER 10,9)

#WANTED:

JÜNGLING ZU NAIN

NAME:
unbekannt

NAMENSBEDEUTUNG:
unbekannt

ALTER:
Teenager

FAMILIENVERHÄLTNISSE:
Halbwaise aus der
Stadt Nain, Vater
bereits verstorben

ZEIT:
ca. 30 nach Christus

BIBELSTELLE:
Lukas 7,11-17

AUFERWECKT ALS ZEUGNIS

Das Baby der Maria war mittlerweile kein Baby mehr, sondern ein gestandener Mann von etwa 30 Jahren. Er lebte auch nicht mehr zu Hause bei seinen Eltern, sondern zog mit ein paar Anhängern, genannt Jünger, durchs Land. Er übte nicht mehr seinen erlernten Beruf des Zimmermanns aus, sondern predigte vom Reich Gottes und heilte Menschen. Er war nicht mehr der bequeme Nachbar, sondern der Aufrüttler, der die Menschen wieder zu Gott bringen wollte. Er war kein Unbekannter mehr, sondern einer, dem das Volk nachlief. Er war ein großer Redner, ein Wunderheiler, ein charismatischer Führer. Doch was er wirklich war, ahnten und verstanden damals noch die wenigsten. Er war der im Alten Testament angekündigte Messias.

Eines Tages ging dieser Jesus mit seinen engsten Freunden in eine Stadt namens Nain. Nain liegt ca. 20 km südwestlich vom See Genezareth in einer bergigen Region. Wenn du eine Bibel besitzt, hat diese wahrscheinlich ganz vorne oder ganz hinten eine Karte von Israel zur Zeit des Neuen Testamentes. Versuch mal, Nain in dieser Karte zu finden.

Aber nicht nur seine engsten Freunde gingen mit, sondern ihm folgte gleich eine ganze Horde Menschen. Alle wollten wissen, was Jesus als Nächstes tat. Gab es wieder ein Wunder? Eine Geschichte? Eine Rede? Dieser Mann konnte die Menschen einfach in seinen Bann ziehen. Er hatte eine unglaubliche Ausstrahlung. Und diesmal ging es nach Nain.

Jesus war noch nicht einmal in der Stadt angekommen, da kam ihnen ein Menschenzug entgegen. Kein Willkommensgruß, sondern ein Leichenzug. Ein Teenager war gestorben. Entsprechend den Vorschriften wurde er aus der Stadt hinausgebracht, um dort beerdigt zu werden. Umgeben von trauernden und weinenden Menschen, von Klagefrauen und einer am Boden zerstörten Mutter. Schon ihren Ehemann musste sie auf diesem Weg begleiten. Jetzt hatte es auch ihren Sohn getroffen. Den einzigen. Wie sollte es weitergehen? Wer sollte sie versorgen? Eine staatliche Absicherung gab es nicht.

Als Jesus die Witwe sah, hatte er Mitleid mit ihr und ging zu ihr hin. Er stoppte den Menschenzug. Er berührte die Totenbahre. Und er fing an, mit dem Toten zu reden. „Du junger Mann, ich befehle dir: Steh auf!" (Lukas 7,14)

In diesem Moment hielt das Volk den Atem an. Denn der Tote stand tatsächlich auf und war plötzlich ganz und gar nicht mehr tot. Er redete wieder wie einst, sah wieder aus wie einst, benahm sich wieder wie einst. Als ob nichts gewesen wäre. Wenn es nicht so viele Zeugen gegeben hätte, könnte man meinen, er hätte nur geschlafen.

Verständlicherweise waren die Zuschauer ziemlich perplex, ergriffen und sprachlos. Ihnen war klar, dass dieses Wunder nur von Gott kommen konnte. Und so lobten sie Gott. Wie ein Lichtstrahl in der Dunkelheit leuchteten Gottes Kraft, seine Macht und Fürsorge in diesem Moment in dieser Szene auf. Niemand konnte das für sich behalten. Wie ein Lauffeuer sprach sich das Ereignis im ganzen Land rum: Dieser Jesus lässt mit der Kraft Gottes sogar Tote auferstehen!

Zugegeben, der Teenager von Nain, von dem wir noch nicht einmal seinen Namen wissen, wurde nicht gefragt, ob er ein Hauptdarsteller dieser Geschichte werden wollte. Tot, wie er war, hatte er auch keine Wahl. Ungefragt wurde er von Gott gebraucht. Seine Auferweckung wurde zum Zeugnis für Jesus. Zur Machtdemonstration von Gottes Sohn. Zum Lobgesang der Volksmenge.

Manchmal braucht uns Gott, ohne dass wir es wissen. Indem er zum Beispiel an uns seine Macht zeigt. Er ein Wunder an uns tut. Das kann ganz unterschiedlich aussehen. Und doch sind wir in dem Moment ein Wegweiser, der zu Gott zeigt. Für einen selbst, für Freunde und Fremde.

GOTT KENNT DICH

GOTT KENNT DEIN GESTERN
GIB IHM DEIN HEUTE
ER SORGT FÜR DEIN MORGEN

(ERNST MODERSOHN)

GLAUBE CONTRA BEWEISE

Kann man Gott beweisen? Eine gute Frage, über die sich seit Jahrtausenden kluge Menschen die Köpfe zerbrechen. So wird zum Beispiel von der Zweckmäßigkeit und Ordnung der Welt darauf geschlossen, dass es einen Schöpfer oder eine andere göttliche Intelligenz geben muss.

Allerdings lautet das Fazit: Letztlich scheitern alle Gottesbeweise. Durch Gottesbeweise kann man zwar einen letzten Urgrund beweisen, aber nicht den lebendigen Gott. Durch die Gottesbeweise merken wir, wie absurd zum Beispiel der Atheismus ist, aber wir können nicht den christlichen Monotheismus beweisen.

Gottesbeweise sind letztlich Indizien für einen Gott. So wie ich zum Beispiel von meinem Schreibtisch aus nicht beweisen kann, dass der Mount Everest über 8000 m hoch ist. Um dies zu beweisen, muss ich schon ins Flugzeug steigen, hinfliegen, ausmessen und den Berg erleben. Genauso muss ich mich auch bei Gott drauf einlassen, um ihn zu erfahren. Wenn ich Gott einmal erfahren habe, bin ich mir seiner Existenz sicher.

#WANTED:

JOHANNES MARKUS

NAME:
Johannes Markus

NAMENSBEDEUTUNG:
Gott ist gnädig (Johannes)

ALTER:
junger Erwachsener

FAMILIENVERHÄLTNISSE:
Mutter hieß Maria und
war gläubige Christin,
Vetter war Barnabas

ZEIT:
Zweite Hälfte des
1. Jahrhunderts nach
Christus

BIBELSTELLE:
Lukas 7,11-17
Apostelgeschichte 12;
15,36-41

ZWEITER ANLAUF

Es war einmal … So fangen Märchen an. Geschichten vom Scheitern und Wiederaufstehen, Trauern und Feiern, mit Unterhaltungs- und Lerneffekt, aber immer mit einem Happy End. … Die Geschichte, um die es jetzt geht, ist kein Märchen. Nicht erfunden, sondern in echt passiert. Real life – sozusagen. Trotzdem handelt auch sie vom Scheitern und Wiederaufstehen. Es gibt Trauer- und Freudenszenen. Sie hat ein Happy End. Und wir können davon was lernen. Es ist die Geschichte des Johannes Markus.

Johannes Markus wuchs in der Hauptstadt Jerusalem auf. Im ersten Jahrhundert nach Christus. Nicht in den ärmlichen Gassen der Unterstadt, sondern in den großen Villen der Oberstadt. Hier ließ es sich aushalten. Ein großes Tor schottete das Anwesen von der Straße ab. Bedienstete schauten nach dem Rechten. Und in den hinteren Gemächern gab es genügend Platz für Gäste und gesellige Runden. Seine Familie gehörte zu dem jüdischen Stamm der Leviten. Das bedeutete, sie mussten Tempeldienste und Organisationsaufgaben rund um den Tempel übernehmen. Weshalb wahrscheinlich auch ihr Haus nicht so weit vom Tempelberg entfernt stand.

Neben seinem jüdischen Namen „Johannes" hatte die Hauptperson unserer Geschichte aber noch den Beinamen „Markus". Einen lateinischen Namen, der nicht gerade auf Antipathie gegen Rom oder die römischen Vertreter in Jerusalem schließen lässt. Irgendwie hatte sich die Familie mit der römischen Besatzungsmacht recht gut arrangiert. Irgendwann musste die Familie dem christlichen Glauben begegnet sein. Vielleicht sogar noch Jesus selbst. Zumindest hatte diese Begegnung die Familie verändert. Sie wurden „Feuer und Flamme" für diesen neuen Glauben.

Maria, die Mutter des Johannes, öffnete regelmäßig ihr Haus für andere Christen. Kirchengebäude waren noch eher die Ausnahme. Gottesdienste wurden in Privathäusern gefeiert. Eben in solchen, die dafür groß genug waren.

In Marias Haus trafen sie sich alle. Petrus, der Jünger, bei dem der Hahn krähte, nachdem er Jesus verraten hatte. Paulus, der große Missionar, der eine radikale Wendung vom „bösen" Saulus zum „guten" Paulus hinter sich hatte. Barnabas, ihr Neffe, der mit Paulus die Heiden bekehrte.

Eines Tages waren mal wieder Paulus und Barnabas in der Stadt und natürlich auch in dem Haus seiner Mutter. Den Christen in Jerusalem ging es finanziell gerade nicht ganz so prickelnd. Daher hatten andere Christen für die Jerusalemer gespendet. Onlinebanking gab es noch nicht. So wurden Barnabas und Paulus geschickt, um die Spende persönlich zu überbringen. Nach erfülltem Auftrag zogen die beiden wieder weiter. Doch welch Überraschung: Johannes Markus durfte mit! Der junge Mann, der bisher durch Unauffälligkeit geglänzt hatte, durfte mit.

Der Typ, der noch keine nennenswerten Verdienste vorzuweisen hatte, durfte mit. Endlich mal raus aus Jerusalem. Sein eigenes Ding machen und nicht mehr nur der Sohn reicher Eltern sein. Abenteuer erleben und dabei seinen christlichen Glauben weitergeben. Klar, dass Johannes Markus bei so einem Angebot nicht Nein sagte. Er ging mit. Lernte fremde Länder und andere Sitten kennen. Bewährte sich. Erlebte, wie Barnabas und Paulus eindrucksvoll zu einer ersten Missionsreise auserwählt wurden. Und durfte auch da wieder mit. Bekam es mit einem Zauberer zu tun, der die Einwohner davon abhalten wollte, Christen zu werden.

Sah, wie sich Menschen um 180 Grad wandelten. Musste lange Strecken zu Fuß gehen. Schwitzte, hatte nicht jeden Abend eine Dusche und auch kein bequemes Bett wie bei Mama zu Hause. Aber er ging mit. Bis … na ja, bis es ihm eines Tages dann doch zu viel wurde. War es ihm zu anstrengend? Hatte er sich mit Barnabas und Paulus gestritten? Vermisste er sein Zuhause zu sehr? Keine Ahnung. Auf jeden Fall ging er zurück nach Jerusalem. Die beiden anderen gingen ohne ihn weiter. Da wurde ihm das Abenteuer dann doch wohl 'ne Nummer zu groß. Schade.

Sein Rückzug kam, zumindest bei Paulus, nicht ganz so gut an. Als Paulus mit Barnabas zur zweiten Missionsreise aufbrechen wollte, gab es wegen dieser alten Geschichte noch mal so richtig Krach. Barnabas wollte Johannes Markus eine zweite Chance geben. Paulus nicht. Bei einer Mission, bei der man sich 100 % auf seine Mitarbeiter verlassen müssen konnte, hatte Johannes Markus sie im Stich gelassen. Bei der Aufgabe, Seelen für die Ewigkeit zu retten, war Johannes Markus sein leibliches Wohl wichtiger. So jemand konnte man nicht ein zweites Mal mitnehmen. Barnabas hat es trotzdem getan. Dafür hatte er sich sogar im Streit von Paulus getrennt. Damit sein Cousin einen zweiten Anlauf nehmen konnte.

Johannes Markus hat diese Chance genutzt. Wäre er zu Hause bei Mama geblieben, hätte er nicht viel falsch machen können. Aber er wollte es noch mal probieren. Hinein ins zweite Abenteuer. Diesmal gab er alles. Kein Abbruch. Kein Rückzug. Er hielt durch. Sein Scheitern wird zum Siegeszug. Er hat sich nicht zurückgezogen und den Kopf in den Sand gesteckt, sondern sich der neuen Herausforderung gestellt.

Aus seinem früheren Scheitern hatte er gelernt. Sein Versagen wurde in Segen verwandelt.

Wenn wir an Grenzen stoßen, kann das eine schmerzhafte, aber auch wertvolle Erfahrung sein. Diese Erfahrungen stärken den Charakter. Machen einen mutiger und entschlossener. Helfen einem, für die richtigen Dinge zu kämpfen. Man kann anderen in vergleichbaren Situationen besser helfen. Und letztlich wird man lernen, Gott auch in den Tälern des Lebens zu vertrauen.

Johannes Markus ist nicht nur persönlich an dieser Hürde gereift, sondern er konnte auch Paulus wieder überzeugen. Im Laufe der Jahre müssen sich die beiden ausgesprochen und wieder eine gute Beziehung aufgebaut haben. Immerhin erwähnt Paulus ihn in mehreren seiner Grußlisten. Eine besondere Ehre. Und als Paulus in Rom im Gefängnis schmort, ist Johannes Markus bei ihm und steht ihm bei. Von Flucht ist keine Rede mehr.

Und auch zu Petrus hatte Johannes Markus im Laufe der Jahre eine gute Beziehung aufgebaut. Petrus nennt ihn in seinem ersten Brief wertschätzend „mein Sohn". Aus dieser Freundschaft wird schließlich Zusammenarbeit. Johannes Markus begleitete wahrscheinlich Petrus als Dolmetscher auf seinen Reisen. Petrus war ein Fischer und seine Griechisch-Kenntnisse hielten sich in Grenzen. Johannes Markus dagegen wuchs in Jerusalem wohl zweisprachig auf. Sein Griechisch war ganz passabel. Gute Voraussetzung zum Dolmetschen in griechisch-sprachigen Gegenden.

Später war es vermutlich genau dieser Johannes Markus, der einst so kläglich versagte, der ein Buch über Jesus schrieb. Alles, was er von Petrus gehört und übersetzt hatte, schrieb er auf. So konnten noch viel mehr Menschen die wahren Geschichten von Jesus Christus hören und lesen. Das kannst sogar du heute noch. Sein Buch ist das Markus-Evangelium. Du findest es in deiner Bibel im Neuen Testament.

VOM VERSAGEN

HINFALLEN,
AUFSTEHEN,
KRONE RICHTEN,
WEITERGEHEN!

10 TIPPS ZUM DURCH-HALTEN

1. FORMULIERE DAS ZIEL!

Schreibe dir möglichst konkret auf, wo du hin möchtest. (Bsp.: Im nächsten Zeugnis soll in Mathe eine Vier stehen.)

2. BEHALTE DAS ZIEL STETS VOR AUGEN!

Also auf einen Zettel aufschreiben und an die Wand heften, als ein Bild ins Notizbuch kleben oder als Erinnerung ins Handy speichern. Ganz nach dem Motto „Aus den Augen – aus dem Sinn".

3. ÜBERLEGE DIR EINEN WEG ZUM ZIEL!

Wie willst du vorgehen, um dein Ziel zu erreichen? Wer oder was kann dir dabei helfen? Wie viel Zeit brauchst du, um dein Ziel zu erreichen?

4. BELOHNUNG GEFÄLLIG?!

Wenn du ein Stück Weg geschafft hast, belohne dich. Natürlich sollte die Belohnung was mit der Zielsetzung zu tun haben. Also keine Schokolade, wenn du 5 kg abnehmen willst, sondern eher ein neues T-Shirt.

5. SUCHE UNTERSTÜTZER!

Beziehe deine Freunde, Familie etc. mit ein. So kann man sich gegenseitig motivieren. Auch der Glaube lebt sich leichter, wenn man in einer Gemeinde oder christlichen Jugendgruppe ist.

6. SEI GNÄDIG ZU DIR SELBST!

Gott ist gnädig. Er will uns ermutigen und nicht durch Vorwürfe zerstören. Auch du darfst gnädig zu dir sein, wenn's mal nicht ganz so läuft, wie du dir das vorstellst.

7. LERNE VON PROFIS!

Suche dir geeignete Vorbilder und schau dir konkrete Dinge und Verhaltensweisen ab. Spicken ist hier ausnahmsweise erwünscht.

8. SEI MUTIG!

„Denn Gott hat uns nicht einen Geist der Feigheit gegeben, sondern den Geist der Kraft und der Liebe und der Besonnenheit" (2. Timotheus 1,7). Du bist wunderbar für dieses Leben von Gott ausgerüstet worden. Geh selbstbewusst an deine Aufgaben ran.

9. LEBE IM JETZT!

Lass dein Leben nicht von dem bestimmen, was du mal erreichen möchtest. Glücklich kannst du auch jetzt schon sein.

10. BETE!

Die Bibel verspricht, dass wir das Leben mit allen Schatten- und Freudenseiten nicht alleine meistern müssen. Jesus möchte dir als Vater, Freund, Ermutiger und Ratgeber zur Seite stehen. Sprich mal mit ihm darüber!

#WANTED:

TIMOTHEUS

NAME:
Timotheus

NAMENSBEDEUTUNG:
der Gott ehrt

ALTER:
junger Erwachsener

FAMILIENVERHÄLTNISSE:
Sohn einer Judenchristin
namens Eunike und eines
nicht gläubigen Griechen,
Großmutter mütterlicherseits
hieß Lois

ZEIT:
Erstes Jahrhundert
nach Christus

BIBELSTELLE:
1. Timotheus 4,6-16

KOMPROMISSLOS

Es war im Jahr 46 nach Christus. Paulus reiste mit Barnabas durch Kleinasien. Sie erzählten den Menschen von Jesus. Es war die erste Missionsreise der beiden. Auf ihrer Reise kamen sie auch in eine kleine Stadt namens Lystra. Außer einem römischen Militärstützpunkt gab es nicht viel in diesem Ort. Heute liegt Lystra in der Türkei, nur ein unscheinbarer Hügel und ein paar Ruinen sind übrig.

Damals lebte ein Mann in Lystra, der seit seiner Geburt gelähmt war. Die beiden Missionare heilten ihn. Ein Ereignis, das in Lystra einschlug wie eine Bombe. Jeder wusste, dass dieser Mann noch nie hatte gehen können und nun rannte er durch die Stadt! Die beiden mussten Götter sein, so die Schlussfolgerung der Stadtbewohner. Eine Behauptung, gegen die Paulus und Barnabas sich vehement wehrten. Das Ganze endete in einem Drama. Paulus wurde von einem wütenden Mob gesteinigt und aus der Stadt geschleift. Wie durch ein Wunder überlebte er den Angriff und kehrte in die Stadt zurück.

Ein anderer Mann, der zu dieser Zeit in Lystra lebte, hieß Timotheus. Sein Vater war Grieche und hatte nicht viel mit dem Glauben am Hut. Seine Mutter hieß Eunike und war gläubige Jüdin. Sie und seine Oma Lois erzählten ihm von klein auf die alten Geschichten, die das Volk Israel mit Gott erlebt hatte, und brachten ihm die Gebote Gottes bei. Beschnitten war er aber nicht. Eigentlich üblich für einen Juden, hatte sein griechischer Vater wohl was dagegen.

Das war ihm dann doch zu religiös. Timotheus war als Bürger der Stadt Zuschauer in der ersten Reihe. So einen Tumult wie bei Paulus und Barnabas konnte man in solch einem kleinen Nest einfach nicht überhören. Und es hat ihn beeindruckt. Er war zwar noch jung – wahrscheinlich kaum 20 Jahre alt – aber nicht blind. Und blöd schon gar nicht. Er hat verstanden, dass die Übergriffe hier keinem Übeltäter oder Politiker galten, der sich gegen die römische Besatzung auflehnte, sondern dass Paulus um seines Glaubens willen leiden musste. Das brachte ihn zum Nachdenken. Und schließlich zum Glauben an Jesus Christus. Wenn einer bereit war, so viel für seinen Glauben auf sich zu nehmen, dann musste dieser Glaube Hand und Fuß haben.

Etwa vier Jahre waren seitdem vergangen. Nun war er wieder da. Der Mann, der damals so viel trouble machte. Paulus besuchte die christlichen Gemeinden in Lystra und der Umgebung, die damals entstanden waren. Ein Mann fiel ihm besonders auf: Timotheus. Trotz seiner Jugend hatte er sich schon einen Namen in den christlichen Kreisen gemacht. Als ein „Jesus Freak". Als einer, der seinen Glauben wirklich ernst nahm und ohne Kompromisse lebte. Der sich für Arme und Benachteiligte einsetzte, der für jeden ein freundliches Wort hatte und für Gerechtigkeit einstand. Eben so, wie Jesus das vorgelebt hatte. Paulus war beeindruckt. Das war der Mann, den er als Mitarbeiter brauchte. Gesagt, getan. Timotheus wurde ein Mitarbeiter von Paulus.

Tja, und dann ging es los auf große Reise.

Nicht Chillen war angesagt, sondern Action. Nicht Sehenswürdigkeiten standen im Mittelpunkt, sondern Menschen. Timotheus gab alles. Und er musste auch einiges aushalten. Ablehnung und Widerstand, und das Gefängnis sah er auch von innen. Er musste Rückschläge und Streitereien in den Gemeinden hinnehmen. Doch er sah auch, wie Menschen sich für den christlichen Glauben entschieden. Wie gescheiterte Existenzen wieder Boden unter die Füße bekamen und Beziehungen heilten. Ziemlich bald durfte er die Leitung der christlichen Gemeinde in Ephesus übernehmen. Mit viel Verantwortung und Herausforderungen. Und immer wieder musste er sich anhören, dass er doch noch viel zu jung für diese Aufgaben sei. Ob es nicht jemand „reiferes" gäbe? Wie ihm das schon aus dem Hals raushing!

Im Laufe dieser etwa 15-jährigen Freundschaft schrieb Paulus zwei Briefe an Timotheus. Voll mit guten Ratschlägen. Ratschläge, auf die man auch heute noch was geben kann.
• „Niemand soll dich verachten, weil du noch jung bist" (1. Timotheus 4,12a). Also schau nicht auf dein Alter, sondern auf das, was du drauf hast.
• „Sei allen Glaubenden ein Beispiel mit deinem Reden und Tun, deiner Liebe, deinem Glauben und deiner Reinheit" (1. Timotheus 4,12b). Von wegen die Jungen können nur was von den Alten lernen. Auch als Jugendlicher kannst du ein Vorbild sein. Nicht nur für Jüngere.
• „Mühe dich um das, was dir aufgetragen ist" (1. Timotheus 4,15). Mach deine Aufgaben gut. Sei ganz dabei und gib alles. Schmeiß nicht bei der ersten Hürde das Handtuch.
• „Achte auf dein Leben und auf deine Lehre; überprüfe sie beide ständig" (1. Timotheus 4,16). Du solltest keine großartigen Reden schwingen, wenn du deine hehren Ideale nicht selbst leben kannst. Vergiss nicht, dich selbst immer mal wieder zu hinterfragen und mit anderen im Gespräch zu bleiben.
• „Fahre einen Älteren nicht hart an. Wenn du ihn zurechtweisen musst, dann sprich zu ihm, als ob er dein Vater wäre. Ebenso sollst du die jungen Männer ermahnen wie Brüder, die älteren Frauen wie Mütter und die jungen Frauen wie Schwestern, mit der gebotenen Zurückhaltung" (1. Timotheus 5,1). Rede respektvoll mit anderen. Werde nicht hochmütig und schon gar nicht eingebildet.
Timotheus war kein Superheld und auch kein Überflieger. Von Natur aus war er eher der ängstliche Typ. Was jetzt nicht gerade so zu seinen Aufgaben passte. Auch körperlich protzte er nicht vor Kraft, sondern hatte Schwierigkeiten mit dem Magen und war öfter mal krank. Und wie gesagt, das passende Alter hatte er auch noch nicht. Trotzdem wurde er zu einem der engsten Mitarbeiter von Paulus. Timotheus war extrem mutig und scheute keinen Streit, wenn es darum ging, die gute Botschaft von Jesus weiterzusagen. Damals war es noch richtig gefährlich, sich für den neuen Glauben einzusetzen, weil die Leute, denen das nicht passte, nicht lange fackelten. Gott sei Dank wirst du heute für deine Überzeugung nicht mehr gesteinigt, jedenfalls nicht hier bei uns. Mutig musst du trotzdem oftmals sein, wenn du deine Meinung vertrittst. Denn nicht alle halten das für cool.

WAS IST GLAUBE

GLAUBE KOMMT AUS DEM THEORETISCHEN WISSEN,
DASS GOTT IN DER GEGENWART DA IST,
UND DER PRAKTISCHEN ERFAHRUNG,
DASS GOTT IN DER VERGANGENHEIT DA WAR.

GLAUBEN HEIßT VERTRAUEN

GLAUBEN HEIßT VERTRAUEN, UND IM VERTRAUEN
BEZEUGT SICH DIE WIRKLICHKEIT DESSEN,
WORAUF WIR HOFFEN.
DAS, WAS WIR JETZT NOCH NICHT SEHEN:
IM VERTRAUEN BEWEIST ES SICH SELBST.

(HEBRÄER 11,1)

#WANTED:

DU

NAME:

NAMENSBEDEUTUNG:

ALTER:

FAMILIENVERHÄLTNISSE:

ZEIT:

Mein Laptop und ich. Nein, das ist keine Liebesgeschichte mit Happy End. Gerade mal zwei Jahre war er alt, als er keine Lust mehr hatte. Er ließ mich einfach im Stich. Display-Fehler. Für mich als Laie nicht zu beheben. Die Garantie war natürlich gerade abgelaufen. Und da saß ich nun und wusste nicht weiter. Wie sollte ich ohne ihn meine Arbeit erledigen oder meine Mails checken?

Als ich ihn kaufte, hätte ich jeden haben können. Aber ich hatte mich für ihn entschieden. Für seine samt-schwarze Oberfläche, das edle Aussehen, das solide Innenleben, das individuelle Zubehör. Genau den wollte ich. Mit diesem einen wollte ich arbeiten. Und jetzt wollte er einfach nicht mehr. Ich probierte alles, um ihn wieder zum Laufen zu bewegen. Fehlanzeige. Er stellte auf stur. Nach sämtlichem gutem Zureden musste ich ihn hergeben und mir einen anderen besorgen. Schade. Ich hätte gerne noch ein paar Jährchen mit ihm zusammen gelebt.

Damals dachte ich, dass es bei uns und Gott manchmal ähnlich ist – auch wenn der Vergleich natürlich hinkt. So wie es die Lebensaufgabe des Laptops ist, mich in meiner Arbeit zu unterstützen, ist es unsere Lebensaufgabe, für unseren Schöpfer zu leben. Ihn anzubeten, ihn mit unserem Lebensstil zu ehren und uns von ihm ansprechen zu lassen. Gott hat sich für uns entschieden. Er will uns an seinem großen Plan mitarbeiten lassen, nämlich allen Menschen von seiner Liebe weiterzusagen. Nur blöd, dass so viele von uns einfach keine Lust dazu haben und auf stur stellen. Dabei kann nichts im Leben dich zufriedener machen, als dich darauf einzulassen. Es gibt einen Gott, der dich gewollt hat (du bist kein Zufallsprodukt!), der dich liebt (du bist auch kein Unfall!) und der dich braucht!

Die jungen Leute der Bibel, von denen ich dir erzählt habe, machen es vor. Nicht jeder von ihnen war lammfromm, manche eher kleine Rebellen. Sie kamen aus allen sozialen Schichten und hatten unterschiedlich viel im Köpfchen. Eben ganz normale Jugendliche. So wie du heute. Aber sie haben sich auf Gott eingelassen.

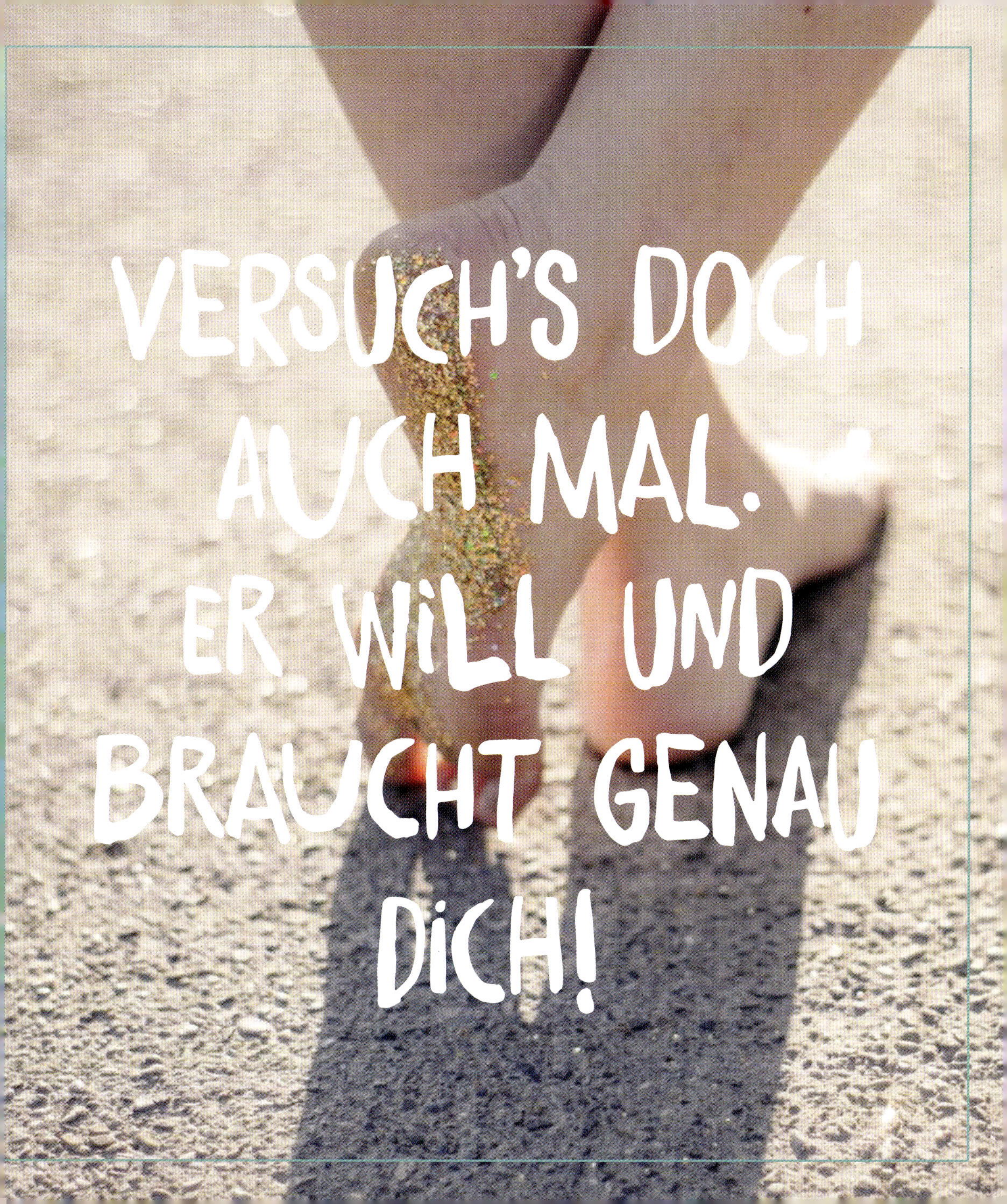
VERSUCH'S DOCH
AUCH MAL.
ER WILL UND
BRAUCHT GENAU
DICH!